문장으로 술술, 초등 필수영단어 800

Master 800 Elementary Words Through Sentences

문장으로 기억하는 초등필수 영단어 800

Grammar Guide 영어 문장을 구성하는 품사

1. 명사 (ⓝ noun)

개념: 사람, 동물, 사물, 장소, 개념의 이름을 나타내는 말

예시: dog(개), book(책), school(학교), love(사랑)

2. 동사 (ⓥ verb)

개념: 사람이나 사물의 행동, 상태, 존재를 나타내는 말

예시: run(달리다), eat(먹다), be(이다/있다), have(가지다)

3. 형용사 (ⓐ adjective)

개념: 명사를 꾸며서 성질, 상태, 모양, 수량 등을 나타내는 말

예시: big(큰), happy(행복한), three(셋의)

4. 부사 (ⓐⓓ adverb)

개념: 동사, 형용사, 다른 부사, 문장 전체를 꾸며 주는 말

예시: quickly(빠르게), very(매우), often(자주)

5. 전치사 (prep. preposition)

개념: 명사나 대명사 앞에 쓰여 다른 말과의 관계를 나타내는 말

예시: in(~안에), on(~위에), beside(~옆에), from(~로부터)

6. 대명사 (pron. pronoun)

개념: 명사를 대신해서 쓰이는 말

예시: I(나), you(너), he(그), they(그들), it(그것)

7. 조동사 (aux. auxiliary verb)

개념: 동사 앞에 와서 동사에 다양한 의미를 더하는 말

예시: can(~할 수 있다), must(~해야 한다), will(~할 것이다)

한눈에 정리

ⓝ: 사물의 이름 → book, dog

ⓥ: 행동이나 상태 → run, eat

ⓐ: 명사를 꾸밈 → big, happy

ⓐⓓ : 동사/형용사/문장 꾸밈 → quickly, very

prep.: 관계를 나타냄 → in, on, beside

pron.: 명사를 대신 → I, he, they

aux.: 동사를 도와줌 → can, must, will

DAY 1　20 · · · · 

STEP1> 다음 문장을 소리 내어 읽고, 의미를 생각해보세요.

> **01　My family is at home.**
> **02　Smile for the picture.**

STEP2> 단어를 익히고, 문장을 따라 써 보세요.

family ⓝ 가족

03 I love my family very much.

picture ⓝ 그림, 사진

04 She draws a beautiful picture.

smile ⓝ 미소 ; ⓥ 미소 짓다

05 She smiles at me.

home ⓝ 집 ; ⓐⓓ 집으로

06 I want to go home now.

> **07   Let's take a family picture at home.
> Smile everyone!**

Translations> 오늘 배운 문장들에 대한 해석이에요.

01   우리 가족은 집에 있다.

02   사진을 위해 웃어라.

03   나는 내 가족을 무척 사랑한다.

04   그녀는 아름다운 그림을 그린다.

05   그녀는 나에게 미소 짓는다.

06   나는 지금 집에 가고 싶다.

07   가족 사진을 집에서 찍자.

모두 웃어!

DAY 2   20 . . . 

STEP1> 다음 문장을 소리 내어 읽고, 의미를 생각해보세요.

> **01 The bird can fly high.**
> **02 The sky has many colors.**

STEP2> 단어를 익히고, 문장을 따라 써 보세요.

bird ⓝ 새

03 The bird is singing.

fly ⓥ 날다

04 A plane can fly in the sky.

sky ⓝ 하늘

05 I see a rainbow in the sky.

color ⓝ 색깔

06 My favorite color is green.

> **07** **The bird flies in the sky.**
> **Its colors are bright.**

Translations> 오늘 배운 문장들에 대한 해석이에요.

01 그 새는 높이 날 수 있다.

02 하늘에는 많은 색이 있다.

03 그 새는 노래하고 있다.

04 비행기는 하늘을 날 수 있다.

05 나는 하늘에 있는 무지개를 본다.

06 내가 가장 좋아하는 색은 초록색이다.

07 새가 하늘을 난다.

그 새의 색은 밝다.

DAY 3　20　•　•　•　

> **01　Open the door.**
>
> **02　Students can ask questions.**

STEP2> 단어를 익히고, 문장을 따라 써 보세요.

open　ⓥ 열다

03 Can you open the window?

door　ⓝ 문

04 Please close the door.

student　ⓝ 학생

05 The student studies very hard.

question　ⓝ 질문

06 Can I ask a question?

**07 The student opens the door.
She asks a question.**

Translations> 오늘 배운 문장들에 대한 해석이에요.

01 문을 열어라.

02 학생들은 질문을 할 수 있다.

03 창문을 열어줄래?

04 문을 닫아라.

05 그 학생은 매우 열심히 공부한다.

06 질문해도 될까?

07 그 학생은 문을 연다.

그녀는 질문을 한다.

DAY 4　　20　　．　．　．　

STEP1> 다음 문장을 소리 내어 읽고, 의미를 생각해보세요.

> **01　Let's eat lunch.**
> **02　This food is from the farm.**

STEP2> 단어를 익히고, 문장을 따라 써 보세요.

eat ⓥ 먹다

03 I eat breakfast.

food ⓝ 음식

04 Pizza is my favorite food.

lunch ⓝ 점심

05 I eat lunch at twelve o'clock.

farm ⓝ 농장

06 Many animals live on the farm.

> **07   I eat lunch at the farm.
> The food is very good.**

Translations> 오늘 배운 문장들에 대한 해석이에요.

01 점심을 먹자.

02 이 음식은 농장에서 왔다.

03 나는 아침을 먹는다.

04 피자는 내가 가장 좋아하는 음식이다.

05 나는 12시에 점심을 먹는다.

06 많은 동물들이 농장에서 산다.

07 나는 농장에서 점심을 먹는다.

음식이 아주 맛있다.

DAY 5　　20　　.　　.　　. 

STEP1> 다음 문장을 소리 내어 읽고, 의미를 생각해보세요.

> **01　The baby is a boy.**
> **02　Drink your milk.**

STEP2> 단어를 익히고, 문장을 따라 써 보세요.

baby ⓝ 아기
03　The baby is sleeping in the bed.

drink ⓥ 마시다
04　You should drink a lot of water.

milk ⓝ 우유
05　The milk is cold.

boy ⓝ 소년
06　The boy is playing soccer.

> **07 The boy gives milk.**
> **The baby drinks it.**

____

Translations> 오늘 배운 문장들에 대한 해석이에요.

01 그 아기는 남자 아기이다.

02 우유를 마셔라.

03 아기가 침대에서 자고 있다.

04 너는 물을 많이 마셔야 한다.

05 그 우유는 차갑다.

06 그 소년은 축구를 하고 있다.

07 소년은 우유를 준다.

아기는 그것을 마신다.

DAY 6　20　.　.　.　

STEP1> 다음 문장을 소리 내어 읽고, 의미를 생각해보세요.

> **01　Write a letter.**
> **02　Send it to your friend.**

STEP2> 단어를 익히고, 문장을 따라 써 보세요.

write ⓥ 쓰다

03 Please write your name here.

letter ⓝ 편지

04 I received a letter from my grandmother.

send ⓥ 보내다

05 I will send you an email.

friend ⓝ 친구

06 I like to play with my friend.

> **07 I write a letter.**
> **I send it to my friend.**

Translations> 오늘 배운 문장들에 대한 해석이에요.

01 편지를 써라.

02 그것을 너의 친구에게 보내라.

03 당신의 이름을 여기에 쓰세요.

04 나는 할머니로부터 편지를 받았다.

05 내가 너에게 이메일을 보낼게.

06 나는 내 친구와 노는 것을 좋아한다.

07 나는 편지를 쓴다.

나는 그것을 친구에게 보낸다.

DAY 7　　20　.　.　.　.　

STEP1> 다음 문장을 소리 내어 읽고, 의미를 생각해보세요.

> **01　Read a book.**
>
> **02　Be quiet in the library.**

STEP2> 단어를 익히고, 문장을 따라 써 보세요.

read　ⓥ 읽다
03 I like to read storybooks.

book　ⓝ 책
04 This book is very interesting.

quiet　ⓐ 조용한
05 The room is quiet.

library　ⓝ 도서관
06 The library is big.

> **07   I am reading books. The library is quiet.**

Translations> 오늘 배운 문장들에 대한 해석이에요.

01 책을 읽어라.

02 도서관에서는 조용히 해라.

03 나는 이야기책 읽는 것을 좋아한다.

04 이 책은 아주 재미있다.

05 그 방은 조용하다

06 그 도서관은 크다.

07 이 분은 우리 학교 선생님이시다.

그녀는 미술 과목을 가르치신다.

DAY 8　　20 ．　．　．　． 

> **01　Sing a happy song.**
>
> **02　We dance to the music.**

STEP2> 단어를 익히고, 문장을 따라 써 보세요.

sing ⓥ 노래하다
03　Let's sing together.

song ⓝ 노래
04　The bird's song is beautiful.

music ⓝ 음악
05　She listens to music.

dance ⓥ 춤추다
06　She dances well.

> **07 I sing a song.**
> **I dance to the music.**

Translations> 오늘 배운 문장들에 대한 해석이에요.

01 즐거운 노래를 불러라.

02 우리는 음악에 맞춰 춤춘다.

03 함께 노래 부르자.

04 새의 노래가 아름답다.

05 그녀는 음악을 듣는다.

06 그녀는 춤을 잘 춘다.

07 나는 노래를 부른다.

나는 음악에 맞춰 춤춘다.

STEP1> 다음 문장을 소리 내어 읽고, 의미를 생각해보세요.

> **01 Can you drive a car?**
>
> **02 Let's go on this road.**

STEP2> 단어를 익히고, 문장을 따라 써 보세요.

car ⓝ 자동차

03 The car is fast.

drive ⓝ 자동차 여행 ; ⓥ 운전하다

04 My mom will drive me to school.

road ⓝ 길, 도로

05 This road is busy in the morning.

go ⓥ 가다

06 We will go to the park tomorrow.

> 07 **Cars drive down the road.**
> **They go very fast.**

Translations> 오늘 배운 문장들에 대한 해석이에요.

01 차를 운전할 수 있어?

02 이 길로 가자.

03 그 차는 빠르다.

04 엄마가 나를 학교에 차로 데려다주실 것이다.

05 이 도로는 아침에 복잡하다.

06 우리는 내일 공원에 갈 것이다.

07 차들이 길을 따라 내려간다.

그 차들은 아주 빨리 간다.

DAY 10　　20　　.　.　.　

> **01　The teacher has a class.**
> **02　He teaches English at school.**

teacher　ⓝ 선생님

03 The teacher is kind to all students.

teach　ⓥ 가르치다

04 My mom teaches me.

class　ⓝ 수업, 반

05 My math class starts at 9 AM.

school　ⓝ 학교

06 I walk to school with my friends.

STEP3> 다음 문장을 읽고, 해석해보세요.

**07   This is my teacher from school.
She teaches an art class.**

Translations> 오늘 배운 문장들에 대한 해석이에요.

01   그 선생님은 수업이 있다.

02   그는 학교에서 영어를 가르친다.

03   그 선생님은 모든 학생에게 친절하다.

04   우리 엄마는 나를 가르친다.

05   내 수학 수업은 오전 9시에 시작한다.

06   나는 친구들과 함께 학교에 걸어간다.

07   이 분은 우리 학교 선생님이시다.

미술 과목을 가르치신다.

DAY 11　20　.　　.　　.　

> **01　We play with a ball.**
> **02　Let's go to the park together.**

play ⓥ 놀다, 경기하다

03 Children play in the park.

ball ⓝ 공

04 He kicks the soccer ball.

park ⓝ 공원

05 The park has many trees and flowers.

together ⓐⓓ 함께, 같이

06 We study together in the library.

STEP3> 다음 문장을 읽고, 해석해보세요.

> **07   Do you want to play together?**
> **Lets' kick the ball at the park.**

Translations> 오늘 배운 문장들에 대한 해석이에요.

01   우리는 공을 가지고 논다.

02   함께 공원에 가자.

03   아이들은 공원에서 논다.

04   그는 축구공을 찬다.

05   그 공원에는 많은 나무와 꽃들이 있다.

06   우리는 도서관에서 함께 공부한다.

07   우리 같이 놀까?

공원에서 공 차고 놀자.

DAY 12　20　．　．　．　． 

STEP1> 다음 문장을 소리 내어 읽고, 의미를 생각해보세요.

> **01　Clean your room today.**
>
> **02　Wash your hands well.**

STEP2> 단어를 익히고, 문장을 따라 써 보세요.

clean　ⓐ 깨끗한 ; ⓥ 청소하다

03 My desk is always clean.

room　ⓝ 방

04 There are many toys in the room.

wash　ⓥ 씻다

05 I wash my face in the morning.

hand　ⓝ 손

06 Wash your hands.

STEP3> 다음 문장을 읽고, 해석해보세요.

> **07 My hands are not clean.
> Can I wash them in the room?**

Translations> 오늘 배운 문장들에 대한 해석이에요.

01 오늘 네 방을 청소해라.

02 손을 잘 씻어라.

03 내 책상은 항상 깨끗하다.

04 그 방에는 많은 장난감이 있다.

05 나는 아침에 세수를 한다.

06 너의 손을 씻어라.

07 내 손은 깨끗하지 않다.

방에서 씻어도 될까?

DAY 13　　20　　.　　.　　.　

> **01　The cat is on the chair.**
> **02　I sleep under the tree.**

cat ⓝ 고양이

03　The cat is sleeping.

sleep ⓥ 잠자다

04　I sleep eight hours every night.

under prep ~아래에

05　The ball is under the table.

chair ⓝ 의자

06　Please sit on this chair.

> **07   The cat is under the chair.**
> **It sleeps there.**

Translations> 오늘 배운 문장들에 대한 해석이에요.

01   고양이가 의자 위에 있다.

02   나는 나무 아래서 잔다.

03   그 고양이는 자고 있다.

04   나는 매일 밤 8시간 동안 잠을 잔다.

05   그 공은 테이블 아래에 있다.

06   이 의자에 앉으세요.

07   고양이는 의자 밑에 있다.

그곳에서 잔다.

DAY 14　　20　　．　．　．

> **01　Hulk is a big green monster.**
> **02　The tree has no leaves.**

STEP2> 단어를 익히고, 문장을 따라 써 보세요.

big　ⓐ 큰
03　An elephant is a big animal.

tree　ⓝ 나무
04　A tall tree stands on the hill.

green　ⓐ 초록색의
05　The grass is green.

leaf　ⓝ 잎
06　A single leaf fell from the tree.

> ## 07 · There is a big tree.
> ## The tree has green leaves.

Translations> 오늘 배운 문장들에 대한 해석이에요.

01 헐크는 큰 초록색 괴물이다.

02 그 나무에는 잎이 없다.

03 코끼리는 큰 동물이다.

04 언덕 위에 키 큰 나무가 서 있다.

05 풀이 초록색이다.

06 나뭇잎 하나가 나무에서 떨어졌다.

07 큰 나무가 하나 있다.

그 나무의 잎은 초록색이다.

DAY 15　20　．　．　．　

STEP1> 다음 문장을 소리 내어 읽고, 의미를 생각해보세요.

> **01　Look at the wall.**
>
> **02　The clock shows the time.**

STEP2> 단어를 익히고, 문장을 따라 써 보세요.

time ⓝ 시간

03 We don't have much time.

look ⓥ 보다

04 Look at the beautiful rainbow!

clock ⓝ 시계

05 I look at the clock.

wall ⓝ 벽

06 Dad put a picture on the wall.

STEP3> 다음 문장을 읽고, 해석해보세요.

> **07 Look at the clock on the wall.**
> **It shows the right time.**

____

Translations> 오늘 배운 문장들에 대한 해석이에요.

01 벽을 보아라.

02 시계가 시간을 보여 준다.

03 우리는 시간이 많지 않다.

04 아름다운 무지개를 봐라!

05 나는 시계를 본다.

06 아빠가 벽에 그림을 걸었다.

07 벽에 있는 시계를 봐라.

그것은 올바른 시간을 가리킨다.

DAY 16   20　　　.　　.　　.　

> **01　My father is busy.**
> **02　He works at the office in town.**

STEP2> 단어를 익히고, 문장을 따라 써 보세요.

father ⓝ 아버지
03 My father is tall and strong.

work ⓥ 일하다
04 She works at a bank.

busy ⓐ 바쁜
05 My mom looks busy.

office ⓝ 사무실
06 This is my office.

STEP3> 다음 문장을 읽고, 해석해보세요.

> **07 This is my father's office.**
> **He works hard and is always busy.**

Translations> 오늘 배운 문장들에 대한 해석이에요.

01 아버지는 바쁘다.

02 그는 시내의 사무실에서 일하신다.

03 나의 아버지는 키가 크고 힘이 세다.

04 그녀는 은행에서 일한다.

05 엄마는 바빠 보이신다.

06 여기는 내 사무실이다.

07 여기가 우리 아버지의 사무실이다.

아버지는 열심히 일하시고 항상 바쁘시다.

DAY 17　20　．．．　

STEP1> 다음 문장을 소리 내어 읽고, 의미를 생각해보세요.

> **01　Wear a hat.**
>
> **02　The sun is on your head.**

STEP2> 단어를 익히고, 문장을 따라 써 보세요.

wear　ⓥ 입다, 쓰다
03 He wears glasses.

hat　ⓝ 모자
04 He is wearing a blue hat.

head　ⓝ 머리
05 Watch your head.

sun　ⓝ 태양
06 The sun is out.

> **07   A hat is on my head.**
> **I wear it in the sun.**

Translations> 오늘 배운 문장들에 대한 해석이에요.

01   모자를 써라.

02   해가 네 머리 위에 있다.

03   그는 안경을 쓴다.

04   그는 파란색 모자를 쓰고 있다.

05   머리 조심해.

06   해가 나왔다.

07   내 머리 위에 모자가 있다.

햇볕에서 그것을 쓴다.

DAY 18   20

> **01 Why are you so sad?**
> **02 I cry because I miss you.**

STEP2> 단어를 익히고, 문장을 따라 써 보세요.

sad ⓐ 슬픈
03 The movie is so sad.

cry ⓥ 울다, 외치다
04 The baby starts to cry.

why 왜
05 Why is the sky blue?

because 왜냐하면, ~때문에
06 I am tired because I went to bed late.

> **07 Please don't cry.**
> **I am sad because you cry.**

Translations> 오늘 배운 문장들에 대한 해석이에요.

01 왜 그렇게 슬퍼?

02 나는 네가 보고 싶어서 운다.

03 그 영화는 너무 슬프다.

04 아기가 울기 시작한다.

05 하늘은 왜 파란가요?

06 나는 늦게 자서 피곤하다.

07 제발 울지 마라.

네가 우니까 내가 슬프다.

DAY 19   20   .   .   .   .   

STEP1> 다음 문장을 소리 내어 읽고, 의미를 생각해보세요.

> **01   Mother is in the kitchen.**
> **02   She cooks delicious food.**

STEP2> 단어를 익히고, 문장을 따라 써 보세요.

mother ⓝ 어머니
03 My mother reads a book to me.

cook ⓥ 요리하다
04 We will cook pasta for dinner.

delicious ⓐ 맛있는
05 The cake is sweet and delicious.

kitchen ⓝ 부엌
06 The kitchen is clean and bright.

STEP3> 다음 문장을 읽고, 해석해보세요.

> **07 I cook with my mother.**
> **It smells delicious in the kitchen.**

Translations> 오늘 배운 문장들에 대한 해석이에요.

01 어머니는 부엌에 계시다.

02 어머니는 맛있는 음식을 요리하신다.

03 나의 어머니는 나에게 책을 읽어주신다.

04 우리는 저녁으로 파스타를 요리할 것이다.

05 그 케이크는 달고 맛있다.

06 부엌은 깨끗하고 밝다.

07 나는 어머니와 요리를 한다.

부엌에서 맛있는 냄새가 난다.

DAY 20　20 ⬤ ⬤ ⬤

STEP1> 다음 문장을 소리 내어 읽고, 의미를 생각해보세요.

> **01　Draw on the paper.**
>
> **02　Put the pencil on the desk.**

STEP2> 단어를 익히고, 문장을 따라 써 보세요.

draw ⓥ 그리다

03　I like to draw cats.

pencil ⓝ 연필

04　I need a pencil and an eraser.

paper ⓝ 종이

05　The paper is white.

desk ⓝ 책상

06　My books are on the desk.

> **07 I draw with a pencil.**
> **The paper is on the desk.**

Translations> 오늘 배운 문장들에 대한 해석이에요.

01 종이에 그려라.

02 연필을 책상 위에 놓아라.

03 나는 고양이를 그리는 것을 좋아한다.

04 나는 연필과 지우개가 필요하다.

05 그 종이는 하얗다.

06 내 책들은 책상 위에 있다.

07 나는 연필로 그린다.

그 종이는 책상 위에 있다.

DAY 21　20　　.　　.　　.

STEP1> 다음 문장을 소리 내어 읽고, 의미를 생각해보세요.

> **01　I love you with all my heart.**
>
> **02　I will give you a flower.**

STEP2> 단어를 익히고, 문장을 따라 써 보세요.

love ⓝ 사랑 ; ⓥ 사랑하다

03 Puppies love to play.

heart ⓝ 마음, 심장

04 He has a kind heart.

give ⓥ 주다

05 Please give me some water.

flower ⓝ 꽃

06 The flower is beautiful.

> ## 07 Give yourself a flower.
> ## Follow your heart and do what you love.

Translations> 오늘 배운 문장들에 대한 해석이에요.

01 나는 온 마음으로 너를 사랑한다.

02 내가 너에게 꽃을 줄게.

03 강아지들은 노는 것을 아주 좋아한다.

04 그는 친절한 마음을 가지고 있다.

05 나에게 물을 좀 주세요.

06 그 꽃은 아름답다.

07 자신에게 꽃을 선물해라.

마음을 따르고 사랑하는 일을 해라.

DAY 22　　20　　　.　　.　　. 

STEP1> 다음 문장을 소리 내어 읽고, 의미를 생각해보세요.

> **01　You can sit or stand.**
>
> **02　Get up from the floor.**

STEP2> 단어를 익히고, 문장을 따라 써 보세요.

sit ⓥ 앉다
03　Let's sit here.

stand ⓥ 서다
04　Don't just stand there.

up ⓐⓓ 위로
05　Look up at the sky.

floor ⓝ 바닥, 층
06　The keys are on the floor.

> **07 Do not sit on the floor.**
> **Please stand up.**

Translations> 오늘 배운 문장들에 대한 해석이에요.

01 앉아도 되고 서도 된다.

02 바닥에서 일어나세요.

03 여기에 앉자.

04 그냥 거기 서 있지 마세요.

05 하늘을 올려다보세요.

06 열쇠가 바닥에 있다.

07 바닥에 앉지 마세요.

일어서세요.

DAY 23　　20　　　.　　.　　. 

STEP1> 다음 문장을 소리 내어 읽고, 의미를 생각해보세요.

01　My umbrella is wet.

02　I wait for the rain to stop.

STEP2> 단어를 익히고, 문장을 따라 써 보세요.

rain ⓝ 비 ⓥ 비가 오다

03　It rains today.

wet ⓐ 젖은

04　My clothes are wet from the rain.

wait ⓥ 기다리다

05　Please wait for me here.

umbrella ⓝ 우산

06　Take an umbrella when it rains.

STEP3> 다음 문장을 읽고, 해석해보세요.

> **07 Don't get wet in the rain.**
> **I will wait for you with an umbrella.**

Translations> 오늘 배운 문장들에 대한 해석이에요.

01 내 우산이 젖었다.

02 비가 멈추기를 기다린다.

03 오늘은 비가 온다.

04 내 옷이 비에 젖었다.

05 여기서 나를 기다려 주세요.

06 비가 올 때는 우산을 가져가세요.

07 비에 젖지 않게 해.

우산 가지고 너를 기다릴게.

STEP1> 다음 문장을 소리 내어 읽고, 의미를 생각해보세요.

> **01　Close your eyes and listen.**
>
> **02　Let me see your ear.**

STEP2> 단어를 익히고, 문장을 따라 써 보세요.

see ⓥ 보다

03 Can you see the moon?

eye ⓝ 눈

04 She has beautiful eyes.

listen ⓥ 듣다

05 Please listen to me.

ear ⓝ 귀

06 A rabbit has long ears.

STEP3> 다음 문장을 읽고, 해석해보세요.

07   I see with my eyes.
I listen with my ears.

Translations> 오늘 배운 문장들에 대한 해석이에요.

01   눈을 감고 들어 봐.

02   네 귀 좀 보여줘.

03   너는 달을 볼 수 있니?

04   그녀는 아름다운 눈을 가졌다.

05   내 말을 들으세요.

06   토끼는 긴 귀를 가지고 있다.

07   나는 눈으로 본다.

나는 귀로 듣는다.

DAY 25　20　　.　　.　　. 

STEP1> 다음 문장을 소리 내어 읽고, 의미를 생각해보세요.

01　The weather is hot.

02　It is cold today.

STEP2> 단어를 익히고, 문장을 따라 써 보세요.

weather　ⓝ 날씨

03　How is the weather outside?

hot　ⓐ 더운, 뜨거운, 매운

04　The soup is hot.

today　ⓝ 오늘 ; ⓐd 오늘

05　What day is it today?

cold　ⓐ 추운, 차가운

06　It is cold in winter.

> **07   I like the weather today.**
> **Not too hot, not too cold.**

Translations> 오늘 배운 문장들에 대한 해석이에요.

01   날씨가 덥다.

02   오늘은 춥다.

03   바깥 날씨는 어떤가요?

04   수프가 뜨겁다.

05   오늘은 무슨 요일인가요?

06   겨울에는 춥다.

07   오늘 날씨가 좋다.

너무 덥지도 않고 춥지도 않고.

DAY 26　　20　　.　.　.

STEP1> 다음 문장을 소리 내어 읽고, 의미를 생각해보세요.

> **01　The house is old.**
> **02　Buy a new one.**

STEP2> 단어를 익히고, 문장을 따라 써 보세요.

buy ⓥ 사다

03 I will buy bread at the store.

new ⓐ 새로운

04 I have a new bicycle.

house ⓝ 집

05 Their house has a big garden.

old ⓐ 늙은, 오래된

06 My grandfather is very old.

> **07   We will buy a new house.**
> **The old one is too small.**

Translations> 오늘 배운 문장들에 대한 해석이에요.

01   그 집은 낡았다.

02   새 집을 사라.

03   나는 가게에서 빵을 살 것이다.

04   나는 새 자전거가 있다.

05   그들의 집에는 큰 정원이 있다.

06   나의 할아버지는 매우 나이가 많으시다.

07   우리는 새 집을 살 것이다.

옛날 집은 너무 작다.

DAY 27　　20　　．　　．　　．　

STEP1> 다음 문장을 소리 내어 읽고, 의미를 생각해보세요.

01　Pick a red apple.

02　This apple is small.

STEP2> 단어를 익히고, 문장을 따라 써 보세요.

pick　ⓥ 줍다, 고르다

03　I pick a red shirt.

red　ⓐ 붉은

04　A tomato is usually red.

apple　ⓝ 사과

05　I eat an apple.

small　ⓐ 작은

06　An ant is a small insect.

STEP3> 다음 문장을 읽고, 해석해보세요.

> **07** **I buy small apples.**
> **I pick the red ones.**

Translations> 오늘 배운 문장들에 대한 해석이에요.

01 빨간 사과를 골라라.

02 이 사과는 작다.

03 나는 빨간 셔츠를 고른다.

04 토마토는 보통 빨간색이다.

05 나는 사과를 먹는다.

06 개미는 작은 곤충이다.

07 나는 작은 사과를 산다.

나는 빨간 것들을 고른다.

DAY 28　　20　　　.　　.　　.　

> **01　Run fast.**
>
> **02　The cars are slow on the street.**

STEP2> 단어를 익히고, 문장을 따라 써 보세요.

run　ⓥ 달리다

03 I run at the park every morning.

fast　ⓐ 빠른 ⓐⓓ 빠르게

04 He is a fast swimmer.

slow　ⓐ 느린

05 The turtle is slow.

street　ⓝ 거리

06 The street is full of people.

07   Slow down.
You cannot run fast on the street.

Translations> 오늘 배운 문장들에 대한 해석이에요.

01   빨리 달려라.

02   길 위의 차들이 느리다.

03   나는 매일 공원에서 달린다.

04   그는 빠른 수영 선수다.

05   그 거북이는 느리다.

06   거리는 사람들로 가득 차 있다.

07   속도를 줄여라.

     길에서 빨리 뛰면 안 된다.

DAY 29　　20　　　·　　·　　·　

STEP1> 다음 문장을 소리 내어 읽고, 의미를 생각해보세요.

> **01　The moon comes out at night.**
>
> **02　It is still dark early in the morning.**

STEP2> 단어를 익히고, 문장을 따라 써 보세요.

morning　ⓝ 아침
03　I wake up early in the morning.

moon　ⓝ 달
04　The moon is bright.

dark　ⓐ 어두운
05　It gets dark at night.

night　ⓝ 밤
06　I go to sleep late at night.

STEP3> 다음 문장을 읽고, 해석해보세요.

> **07** **After a dark night, morning always comes.**
> **The moon shines in the dark.**

Translations> 오늘 배운 문장들에 대한 해석이에요.

01 달은 밤에 나온다.

02 이른 아침에는 아직 어둡다.

03 나는 아침에 일찍 일어난다.

04 그 달은 밝다.

05 밤에는 어두워진다.

06 나는 밤에 늦게 잠자리에 든다.

07 어두운 밤이 지나면 아침이 항상 온다.

달은 어둠 속에서 빛난다.

DAY 30   20   .   .   . 

STEP1> 다음 문장을 소리 내어 읽고, 의미를 생각해보세요.

> **01   A boat is on the river.**
> **02   A ship is on the sea.**

STEP2> 단어를 익히고, 문장을 따라 써 보세요.

boat ⓝ 배, 보트
03 The boat is on the water.

river ⓝ 강
04 Many fish live in the river.

ship ⓝ 배
05 A big ship is on the sea.

sea ⓝ 바다
06 The sea is calm today.

> **07 Cross the river on a boat.**
> **Then go out to sea on a ship.**

Translations> 오늘 배운 문장들에 대한 해석이에요.

01 배는 강에 있다.

02 큰 배는 바다에 있다.

03 그 배는 물 위에 있다.

04 많은 물고기들이 강에 산다.

05 큰 배가 바다 위에 있다.

06 오늘 바다는 잔잔하다.

07 배를 타고 강을 건너라.

그 다음에 큰 배를 타고 바다로 나가라.

DAY 31　20　.　.　.

STEP1> 다음 문장을 소리 내어 읽고, 의미를 생각해보세요.

> **01　The dog has a short tail.**
>
> **02　Walk your dog every day.**

STEP2> 단어를 익히고, 문장을 따라 써 보세요.

dog ⓝ 개
03 The dog barks at the mailman.

short ⓐ 짧은
04 I have short hair.

tail ⓝ 꼬리
05 A monkey has a long tail.

walk ⓥ 걷다, 산책시키다
06 Let's walk to the store.

> **07 I walk with my dog at the park.**
> **He has a short tail.**

Translations> 오늘 배운 문장들에 대한 해석이에요.

01 그 개는 짧은 꼬리를 가졌다.

02 개를 매일 산책시켜라.

03 그 개는 우편배달부를 보고 짖는다.

04 나는 머리카락이 짧다.

05 원숭이는 긴 꼬리를 가지고 있다.

06 가게까지 걸어가자.

07 나는 개하고 공원에서 걷는다.

개는 꼬리가 짧다.

DAY 32　20　.　.　. 

> **01　Doctors help sick people.**
>
> **02　I go to hospital when I am sick.**

STEP2> 단어를 익히고, 문장을 따라 써 보세요.

sick ⓐ 아픈

03 My mom is sick.

---

hospital ⓝ 병원

04 A nurse works at the hospital.

---

doctor ⓝ 의사

05 The doctor checked my throat.

---

help ⓥ 돕다

06 Can you help me with my homework?

**07   I want to be a doctor.
I want to help sick people at the hospital.**

Translations> 오늘 배운 문장들에 대한 해석이에요.

01   의사는 아픈 사람들을 돕는다.

02   나는 아플 때 병원에 간다.

03   우리 엄마는 아프다.

04   간호사는 병원에서 일한다.

05   의사 선생님께서 내 목을 진찰하셨다.

06   내 숙제 좀 도와줄 수 있어?

07   나는 의사가 되고 싶다.

나는 병원에 있는 아픈 사람들을 돕고 싶다.

DAY 33　　20　　.　　.　　. 

STEP1> 다음 문장을 소리 내어 읽고, 의미를 생각해보세요.

> **01　Save your money in the bank.**
>
> **02　I want to become rich.**

STEP2> 단어를 익히고, 문장을 따라 써 보세요.

rich　ⓐ 부유한

03 The king was very rich.

money　ⓝ 돈

04 Money is important.

save　ⓥ 구하다, 저축하다

05 Please save me.

bank　ⓝ 은행

06 My father works at a bank.

> **07 Rich people don't save money in the bank.**
> **They make money from money.**

Translations> 오늘 배운 문장들에 대한 해석이에요.

01 돈을 은행에 저축해라.

02 나는 부자가 되고 싶다.

03 그 왕은 매우 부유했다.

04 돈은 중요하다.

05 제발 나를 구해줘

06 나의 아버지는 은행에서 일하신다.

07 부자들은 은행에 돈을 저축하지 않는다.

그들은 돈으로 돈을 번다.

DAY 34　　20　．　．　．　． 

> **01 Watch out for the fire when you camp.**
> **02 Stay warm and stay away from danger.**

STEP2> 단어를 익히고, 문장을 따라 써 보세요.

watch Ⓥ 보다
03 I like to watch movies on weekends.

warm ⓐ 따뜻한
04 Your hands feel warm.

fire ⓝ 불
05 We sat by the fire.

danger ⓝ 위험
06 Danger is everywhere.

> **07   The fire is warm.
> It can be a danger, so watch it.**

Translations> 오늘 배운 문장들에 대한 해석이에요.

01   캠핑할 때는 불을 조심해라.

02   따뜻하게 하고 위험을 피해라.

03   나는 주말에 영화 보는 것을 좋아한다.

04   너의 손이 따뜻하게 느껴진다.

05   우리는 불 옆에 앉았다.

06   위험은 어디에나 있다.

07   불은 따뜻하다.

위험할 수도 있으니 조심해라.

DAY 35　20　.　.　. 

STEP1> 다음 문장을 소리 내어 읽고, 의미를 생각해보세요.

> **01　A carrot is a vegetable.**
>
> **02　I grow potatoes.**

STEP2> 단어를 익히고, 문장을 따라 써 보세요.

vegetable ⓝ 채소

03 You should eat vegetables every day.

carrot ⓝ 당근

04 A rabbit's favorite food is carrots.

grow ⓥ 자라다, 기르다

05 Flowers grow well in the spring.

potato ⓝ 감자

06 I like to eat baked potatoes.

> **07** **We need to grow more vegetables.**
> **Potatoes and carrots are easy to grow.**

Translations> 오늘 배운 문장들에 대한 해석이에요.

01 당근은 채소이다.

02 나는 감자를 기른다.

03 너는 매일 채소를 먹어야 한다.

04 토끼가 가장 좋아하는 음식은 당근이다.

05 꽃들은 봄에 잘 자란다.

06 나는 구운 감자를 먹는 것을 좋아한다.

07 우리는 채소를 좀 더 길러야 한다.

감자와 당근은 기르기 쉽다.

DAY 36　20　.　.　.

> **01 Your skirt and my shoes are the same color.**
>
> **02 I can see your socks under your pants.**

skirt ⓝ 치마

03 My sister bought a pretty skirt.

shoe ⓝ 신발

04 I need new shoes.

sock ⓝ 양말

05 I wear socks.

pants ⓝ 바지

06 He is wearing blue pants.

> **07 Wear pants, not a skirt, when you play outside.**
> **Wear socks in your shoes.**

Translations> 오늘 배운 문장들에 대한 해석이에요.

01 너의 치마와 나의 신발이 같은 색이다.

02 네 바지 아래로 양말이 보인다.

03 내 여동생은 예쁜 치마를 샀다.

04 나는 새 신발이 필요하다.

05 나는 양말을 신는다.

06 그는 파란색 바지를 입고 있다.

07 밖에서 놀 때는 치마 말고 바지를 입어라.

신발 안에 양말을 신어라.

DAY 37　　20　　　．　　．　　．

STEP1> 다음 문장을 소리 내어 읽고, 의미를 생각해보세요.

> **01　The sky is blue.**
> **02　The cat has yellow, black, and white spots.**

STEP2> 단어를 익히고, 문장을 따라 써 보세요.

yellow　ⓐ 노란색의

03　A banana is yellow.

black　ⓐ 검은색의

04　A crow is a black bird.

white　ⓐ 하얀색의

05　Snow is white and cold.

blue　ⓐ 파란색의

06　The ocean is deep and blue.

> **07   The blue and white shirt is for my father.**
> **The black and yellow one is for me.**

Translations> 오늘 배운 문장들에 대한 해석이에요.

01   하늘은 파랗다.

02   그 고양이는 노란색, 검은색, 하얀색 점이 있다.

03   바나나는 노란색이다.

04   까마귀는 검은 새이다.

05   눈은 하얗고 차다.

06   바다는 깊고 파랗다.

07   파란색과 하얀색 셔츠는 아버지 것이다.

검은색과 노란색 셔츠는 내 것이다.

DAY 38　20 

STEP1> 다음 문장을 소리 내어 읽고, 의미를 생각해보세요.

> **01　An airplane leaves the airport and goes up high.**
>
> **02　Some airplanes land at the airport at night.**

STEP2> 단어를 익히고, 문장을 따라 써 보세요.

airplane ⓝ 비행기
03　I see an airplane in the sky.

high ⓐ 높은
04　The mountain is very high.

land ⓝ 땅, 육지; ⓥ 착륙하다
05　The plane lands safely.

airport ⓝ 공항
06　The airport is big.

STEP3> 다음 문장을 읽고, 해석해보세요.

> **07   Airplanes fly high.**
> **They land at the airport.**

Translations> 오늘 배운 문장들에 대한 해석이에요.

01   비행기가 공항을 떠나 높이 올라간다.

02   어떤 비행기들은 밤에 공항에 착륙한다.

03   나는 하늘에 있는 비행기를 본다.

04   그 산은 매우 높다.

05   그 비행기는 안전하게 착륙한다.

06   그 공항은 크다.

07   비행기들은 높이 난다.

그들은 공항에 착륙한다.

DAY 39　20 ．　　．　　．

> **01　I study hard.**
> **02　I want to pass the test.**

STEP2> 단어를 익히고, 문장을 따라 써 보세요.

study　ⓥ 공부하다
03 She studies every day.

hard　ⓐ 단단한, 어려운; ⓐⓓ 열심히, 세게
04 English is hard for me.

pass　ⓥ 통과하다, 지나가다
05 I passed the test.

test　ⓝ 시험
06 We have a math test tomorrow.

> **07   I study for the test.**
>
> **I work hard to pass.**

Translations> 오늘 배운 문장들에 대한 해석이에요.

01   나는 열심히 공부한다.

02   나는 시험을 통과하고 싶다.

03   그녀는 매일 공부한다.

04   영어는 나에게 어렵다.

05   나는 시험에 통과했다.

06   우리는 내일 수학 시험이 있다.

07   나는 시험을 위해 공부한다.

나는 합격하기 위해 열심히 한다.

DAY 40　　20　　．　　．　　．

STEP1> 다음 문장을 소리 내어 읽고, 의미를 생각해보세요.

> **01　I see a lion at the zoo.**
> **02　A tiger is a strong animal.**

STEP2> 단어를 익히고, 문장을 따라 써 보세요.

zoo ⓝ 동물원

03 There are many animals at the zoo.

lion ⓝ 사자

04 The lion is the king of the jungle.

tiger ⓝ 호랑이

05 A tiger has black stripes.

animal ⓝ 동물

06 What is your favorite animal?

STEP3> 다음 문장을 읽고, 해석해보세요.

> ## 07 I see tigers and lions at the zoo.
> ## They are my favorite animals.

Translations> 오늘 배운 문장들에 대한 해석이에요.

01 나는 동물원에서 사자를 본다.

02 호랑이는 강한 동물이다.

03 동물원에는 많은 동물이 있다.

04 사자는 정글의 왕이다.

05 호랑이는 검은 줄무늬를 가지고 있다.

06 당신이 가장 좋아하는 동물은 무엇인가?

07 나는 동물원에서 호랑이와 사자를 본다.

그들은 내가 가장 좋아하는 동물이다.

DAY 41　　20 ． ． ．

> **01　My brother is tall.**
> **02　My sister is young.**

STEP2> 단어를 익히고, 문장을 따라 써 보세요.

brother　ⓝ 형제, 남자 형제

03 My brother plays soccer.

young　ⓐ 젊은, 어린

04 The young boy is riding a bicycle.

sister　ⓝ 자매, 여자 형제

05 My sister helps me with my homework.

tall　ⓐ 키가 큰

06 A giraffe is a tall animal.

STEP3> 다음 문장을 읽고, 해석해보세요.

> **07 My brother and sister are young.**
> **But they are very tall.**

Translations> 오늘 배운 문장들에 대한 해석이에요.

01 내 남동생은 키가 크다.

02 내 여동생은 어리다.

03 내 남자 형제는 축구를 한다.

04 어린 소년이 자전거를 타고 있다.

05 내 언니는 내 숙제를 도와준다.

06 기린은 키가 큰 동물이다.

07 내 남동생과 여동생은 어리다.

하지만 키가 아주 크다.

DAY 42　20 ．　．　．　．

STEP1> 다음 문장을 소리 내어 읽고, 의미를 생각해보세요.

> **01　I make a fun story.**
> **02　I want a toy for a gift.**

STEP2> 단어를 익히고, 문장을 따라 써 보세요.

make ⓥ 만들다

03 Let's make a snowman.

toy ⓝ 장난감

04 He keeps his toy in a box.

fun ⓝ 재미 ; ⓐ 재미있는

05 This game is fun.

gift ⓝ 선물

06 I received a birthday gift.

07 **The party will be fun with toys and gifts.**
I will make a cake, too.

Translations> 오늘 배운 문장들에 대한 해석이에요.

01 나는 재미있는 이야기를 만든다.

02 나는 장난감을 선물로 원한다.

03 눈사람을 만들자.

04 그는 그의 장난감을 상자 안에 보관한다.

05 이 게임은 재미있다.

06 나는 생일 선물을 받았다.

07 그 파티는 장난감이랑 선물들로 재미있을 거야.

내가 케이크도 만들게.

DAY 43　　20　　.　　.　　. 

> **01　Try to do good things.**
> **02　Bad habits stay with us.**

good ⓐ 좋은

03 He is a good friend to me.

habit ⓝ 습관

04 Reading is a good habit.

try ⓥ 노력하다, 시도하다

05 She tries to read.

bad ⓐ 나쁜

06 The weather is bad.

> **07 Try to stop bad habits.**
> **Try a new good habit.**

Translations> 오늘 배운 문장들에 대한 해석이에요.

01 좋은 일을 하려고 노력해라.

02 나쁜 습관은 오래 남는다.

03 그는 나에게 좋은 친구다.

04 독서는 좋은 습관이다.

05 그녀는 읽으려고 노력한다.

06 날씨가 나쁘다.

07 나쁜 습관을 멈추려고 노력해라.

새로운 좋은 습관을 시도해라.

DAY 44　20　.　.　. 

> **01　Put the dish on the table.**
> **02　Use a spoon and a knife.**

STEP2> 단어를 익히고, 문장을 따라 써 보세요.

table ⓝ 식탁, 테이블
03 There is food on the table.

dish ⓝ 접시, 요리
04 Please wash the dirty dish.

spoon ⓝ 숟가락
05 I eat soup with a spoon.

knife ⓝ 칼
06 Be careful when you use a knife.

STEP3> 다음 문장을 읽고, 해석해보세요.

> **07 I'll wash the dishes.**
> **Can you get the spoons and knives from the table?**

Translations> 오늘 배운 문장들에 대한 해석이에요.

01 그 접시를 식탁 위에 놓아라.

02 숟가락과 칼을 사용해라.

03 테이블 위에 음식이 있다.

04 더러운 접시를 닦아 주세요.

05 나는 숟가락으로 수프를 먹는다.

06 칼을 사용할 때는 조심하세요.

07 내가 설거지를 할게.

식탁에서 숟가락이랑 칼 좀 가져와 줄래?

STEP1> 다음 문장을 소리 내어 읽고, 의미를 생각해보세요.

> **01　The hair is long.**
> **02　Cut it with scissors.**

STEP2> 단어를 익히고, 문장을 따라 써 보세요.

long　ⓐ 긴
03 A giraffe has a long neck.

hair　ⓝ 머리카락
04 My hair is brown.

cut　ⓥ 자르다
05 My mom will cut the apple for me.

scissors　ⓝ 가위
06 These scissors are sharp.

> **07   Her hair is very long.**
> **I cut it with scissors.**

Translations> 오늘 배운 문장들에 대한 해석이에요.

01   그 머리카락은 길다.

02   가위로 그것을 잘라라.

03   기린은 목이 길다.

04   내 머리카락은 갈색이다.

05   엄마가 나를 위해 사과를 잘라 줄 것이다.

06   이 가위는 날카롭다.

07   그녀의 머리는 매우 길다.

나는 가위로 그것을 자른다.

DAY 46　20 ．．．　

STEP1> 다음 문장을 소리 내어 읽고, 의미를 생각해보세요.

> **01　Many people live in a city.**
>
> **02　A small town is quiet.**

STEP2> 단어를 익히고, 문장을 따라 써 보세요.

town ⓝ 마을, 도시
03　Our town has a small market.

people ⓝ 사람들
04　There are many people in the park.

live ⓥ 살다
05　Fish live in the water.

city ⓝ 도시
06　Seoul is a big city.

> **07** **The town has nice people.**
> **They live near the city.**

Translations> 오늘 배운 문장들에 대한 해석이에요.

01 많은 사람들이 도시에서 산다.

02 작은 마을은 조용하다.

03 우리 동네에는 작은 시장이 있다.

04 공원에는 많은 사람들이 있다.

05 물고기는 물속에서 산다.

06 서울은 큰 도시이다.

07 그 마을에는 좋은 사람들이 있다.

그들은 도시 근처에 산다.

DAY 47　20 ．．．． 

STEP1> 다음 문장을 소리 내어 읽고, 의미를 생각해보세요.

> **01　I am hungry before breakfast.**
>
> **02　I eat bread with honey.**

STEP2> 단어를 익히고, 문장을 따라 써 보세요.

hungry ⓐ 배고픈
03 I feel hungry after swimming.

breakfast ⓝ 아침 식사
04 What did you have for breakfast?

bread ⓝ 빵
05 Let's make a sandwich with this bread.

honey ⓝ 꿀
06 Honey is very sweet.

STEP3> 다음 문장을 읽고, 해석해보세요.

> ### 07   I am hungry.
> ## I eat bread and honey for breakfast.

Translations> 오늘 배운 문장들에 대한 해석이에요.

01   나는 아침 식사 전에 배가 고프다.

02   나는 빵을 꿀과 함께 먹는다.

03   나는 수영 후에 배고픔을 느낀다.

04   너는 아침으로 무엇을 먹었어?

05   이 빵으로 샌드위치를 만들자.

06   꿀은 매우 달다.

07   나는 배가 고프다.

나는 아침 식사로 빵과 꿀을 먹는다.

DAY 48　　20　·　·　·　

STEP1> 다음 문장을 소리 내어 읽고, 의미를 생각해보세요.

> **01　The wind is strong.**
>
> **02　Don't fall from the tree.**

STEP2> 단어를 익히고, 문장을 따라 써 보세요.

wind　ⓝ 바람
03 The wind is cool and fresh.

strong　ⓐ 강한
04 The wind is strong today.

fall　ⓥ 떨어지다
05 The leaves fall.

tree　ⓝ 나무
06 I climb the tree.

STEP3> 다음 문장을 읽고, 해석해보세요.

> **07 A strong wind blows.**
> **The tree might fall.**

Translations> 오늘 배운 문장들에 대한 해석이에요.

01 바람이 세다.

02 나무에서 떨어지지 마라.

03 바람이 시원하고 신선하다.

04 오늘 바람이 강하다.

05 나뭇잎이 떨어진다.

06 나는 나무에 오른다.

07 강한 바람이 분다.

　　　나무가 쓰러질 수도 있다.

DAY 49　　20　　.　.　.　

STEP1> 다음 문장을 소리 내어 읽고, 의미를 생각해보세요.

> **01　Soft snow is on the ground.**
>
> **02　We build a house.**

STEP2> 단어를 익히고, 문장을 따라 써 보세요.

snow ⓝ 눈
03 Snow is white.

soft ⓐ 부드러운
04 The pillow is soft.

ground ⓝ 땅, 흙
05 The apple fell to the ground.

build ⓥ 짓다, 만들다
06 We can build a sandcastle on the beach.

> **07 Feel the soft snow on the ground.**
> **Let's build a snowman.**

Translations> 오늘 배운 문장들에 대한 해석이에요.

01 부드러운 눈이 땅 위에 있다.

02 우리는 집을 짓는다.

03 눈은 하얗다.

04 그 베개는 부드럽다.

05 그 사과가 땅으로 떨어졌다.

06 우리는 해변에서 모래성을 쌓을 수 있다.

07 땅 위의 부드러운 눈을 느껴봐.

눈사람을 만들자.

DAY 50　20 

STEP1> 다음 문장을 소리 내어 읽고, 의미를 생각해보세요.

> **01　The king has a crown on his head.**
> **02　The queen lives in a castle.**

STEP2> 단어를 익히고, 문장을 따라 써 보세요.

king ⓝ 왕
03 The king loves his people.

queen ⓝ 여왕
04 The queen is beautiful and wise.

castle ⓝ 성
05 The old castle is on a hill.

crown ⓝ 왕관
06 The crown has many jewels.

STEP3> 다음 문장을 읽고, 해석해보세요.

> **07 The king and queen live in a castle.**
> **Their crowns are very shiny.**

Translations> 오늘 배운 문장들에 대한 해석이에요.

01 왕은 머리에 왕관을 썼다.

02 여왕은 성에 산다.

03 그 왕은 그의 백성들을 사랑한다.

04 여왕은 아름답고 현명하다.

05 그 오래된 성은 언덕 위에 있다.

06 그 왕관에는 많은 보석이 박혀 있다.

07 왕과 여왕은 성에 산다.

그들의 왕관은 매우 반짝인다.

DAY 51　20　　.　　.　　. 

> **01　Who wins the prize?**
> **02　I am last in the race.**

win　ⓥ 이기다

03 She wants to win.

race　ⓝ 경주 ; ⓥ 경주하다

04 The race is fun.

last　ⓐ 마지막의

05 December is the last month of the year.

prize　ⓝ 상, 상품

06 She won first prize in the contest.

STEP3> 다음 문장을 읽고, 해석해보세요.

> **07 I want to win the race.**
> **I don't want to come in last.**

Translations> 오늘 배운 문장들에 대한 해석이에요.

01 누가 상을 받을까?

02 내가 경주에서 마지막이다.

03 그녀는 이기고 싶어한다.

04 그 경주는 재미있다.

05 12월은 한 해의 마지막 달이다.

06 그녀는 대회에서 1등 상을 받았다.

07 나는 경주에서 이기고 싶다.

꼴찌가 되기 싫다.

DAY 52　　20　　　.　　.　　. 

STEP1> 다음 문장을 소리 내어 읽고, 의미를 생각해보세요.

> **01　She is smart and can think fast.**
>
> **02　He has a clever brain.**

STEP2> 단어를 익히고, 문장을 따라 써 보세요.

smart　ⓐ 똑똑한, 영리한

03 My dog is smart.

think　ⓥ 생각하다

04 She thinks about her family.

clever　ⓐ 영리한

05 My friend is clever.

brain　ⓝ 두뇌

06 Exercise is good for your brain.

> **07** **You are smart and clever.**
> **Use your brain and think.**

Translations> 오늘 배운 문장들에 대한 해석이에요.

01 그녀는 똑똑하고 빨리 생각할 수 있다.

02 그는 똑똑한 두뇌를 가지고 있다.

03 나의 개는 똑똑하다

04 그녀는 가족에 대해 생각한다.

05 내 친구는 똑똑하다.

06 운동은 당신의 두뇌에 좋다.

07 너는 똑똑하고 영리하잖아.

머리를 써서 생각해 봐.

DAY 53　20 ．．．．　

STEP1> 다음 문장을 소리 내어 읽고, 의미를 생각해보세요.

> **01 I see a movie at the cinema.**
> **02 I buy a ticket for the show.**

STEP2> 단어를 익히고, 문장을 따라 써 보세요.

movie ⓝ 영화
03 What is your favorite movie?

cinema ⓝ 영화관
04 The cinema is on the third floor.

show ⓝ 쇼, 공연 ⓥ 보여주다
05 The magic show was amazing.

ticket ⓝ 표
06 She needs a ticket.

> **07   Let's watch a movie at the cinema.**
> **The show starts soon, so get the tickets.**

Translations> 오늘 배운 문장들에 대한 해석이에요.

01   나는 영화관에서 영화를 본다.

02   나는 그 쇼의 표를 산다.

03   네가 제일 좋아하는 영화는 뭐야?

04   영화관은 3층에 있다.

05   마술 공연은 정말 놀라웠다.

06   그녀는 표가 필요하다.

07   영화관에서 영화를 보자.

상영이 곧 시작되니까 표를 사라.

DAY 54　　20　　·　　·　　· 

STEP1> 다음 문장을 소리 내어 읽고, 의미를 생각해보세요.

> **01　The girl helps the old man.**
>
> **02　They look different but feel the same.**

STEP2> 단어를 익히고, 문장을 따라 써 보세요.

different ⓐ 다른

03 My bag is different from yours.

girl ⓝ 소녀

04 The girl is reading a book.

man ⓝ 남자, 사람

05 That man is my dad.

same ⓐ 같은

06 We go to the same school.

> **07** **The girl meets a man and his brother.**
> **They look the same, but they are very different.**

Translations> 오늘 배운 문장들에 대한 해석이에요.

01 그 소녀가 그 노인을 돕는다.

02 그들은 달라 보이지만 느낌은 같다.

03 내 가방은 네 것과 다르다.

04 그 소녀는 책을 읽고 있다.

05 그 남자는 우리 아빠다.

06 우리는 같은 학교에 다닌다.

07 그 소녀가 한 남자와 남자의 형을 만난다.

그들은 똑같이 생겼지만 아주 다르다.

STEP1> 다음 문장을 소리 내어 읽고, 의미를 생각해보세요.

> **01　The sun goes from east to west.**
>
> **02　The north is cold, but the south is warm.**

STEP2> 단어를 익히고, 문장을 따라 써 보세요.

east　ⓝ 동쪽 ; ⓐ 동쪽의 ; ⓐⓓ 동쪽으로

03　The sun rises in the east.

west　ⓝ 서쪽 ; ⓐ 서쪽의 ; ⓐⓓ 서쪽으로

04　The sun sets in the west.

north　ⓝ 북쪽 ; ⓐ 북쪽의 ; ⓐⓓ 북쪽으로

05　Birds fly north.

south　ⓝ 남쪽 ; ⓐ 남쪽의 ; ⓐⓓ 남쪽으로

06　It is warm in the south.

> **07 The wind blows from north to south.**
> **The rain moves from west to east.**

Translations> 오늘 배운 문장들에 대한 해석이에요.

01 해는 동쪽에서 서쪽으로 간다.

02 북쪽은 춥지만 남쪽은 따뜻하다.

03 해는 동쪽에서 뜬다.

04 해는 서쪽에서 진다.

05 새들은 북쪽으로 날아간다.

06 남쪽은 따뜻하다.

07 바람은 북쪽에서 남쪽으로 분다.

비는 서쪽에서 동쪽으로 움직인다.

DAY 56　20　.　.　.　

> **01　He is afraid of ghosts.**
> **02　I can write a story alone.**

afraid　ⓐ 두려워하는

03 The little cat is afraid of big dogs.

ghost　ⓝ 유령

04 I see ghosts.

alone　ⓐ 혼자

05 She sits alone.

story　ⓝ 이야기

06 My grandpa tells me a fun story.

> **07   I am afraid to tell this story.**
> **I see ghosts when I am alone.**

Translations> 오늘 배운 문장들에 대한 해석이에요.

01   그는 유령을 무서워한다.

02   나는 혼자 이야기를 쓸 수 있다.

03   작은 고양이는 큰 개들을 무서워한다.

04   나는 유령을 본다.

05   그녀는 혼자 앉는다.

06   할아버지는 내게 재미있는 이야기를 해주신다.

07   나는 이 이야기를 하기가 두렵다.

나는 혼자 있을 때 귀신을 본다.

STEP1> 다음 문장을 소리 내어 읽고, 의미를 생각해보세요.

> **01　I study every day of the week.**
>
> **02　What is your favorite month of the year?**

STEP2> 단어를 익히고, 문장을 따라 써 보세요.

day ⓝ 날, 하루

03 Today is a beautiful day.

week ⓝ 주, 일주일

04 We had a test last week.

month ⓝ 달, 월

05 My birthday is next month.

year ⓝ 해, 년

06 There are twelve months in a year.

> **07** **A month has many days.**
> **A year has many weeks.**

Translations> 오늘 배운 문장들에 대한 해석이에요.

01 나는 매일, 일주일 내내 공부한다.

02 한 해 중에 가장 좋아하는 달이 뭐야?

03 오늘은 아름다운 날이다.

04 우리는 지난주에 시험을 봤다.

05 내 생일은 다음 달이다.

06 일 년에는 열두 달이 있다.

07 한 달에는 많은 날이 있다.

1년에는 많은 주가 있다.

STEP1> 다음 문장을 소리 내어 읽고, 의미를 생각해보세요.

> **01 When I talk with my teacher, I speak English.**
>
> **02 Can you say it aloud?**

STEP2> 단어를 익히고, 문장을 따라 써 보세요.

talk ⓥ 말하다

03 We talk every day.

speak ⓥ 이야기하다, 연설하다

04 She can speak three languages.

aloud ⓐ 큰 소리로

05 He read the story aloud to the class.

say ⓥ 말하다

06 Please say your name.

> **07 My teacher says that I talk aloud.**
> **She will speak to my mom on the phone.**

Translations> 오늘 배운 문장들에 대한 해석이에요.

01 나는 선생님께 얘기할 때 영어로 말한다.

02 크게 말해줄 수 있어?

03 우리는 매일 이야기한다.

04 그녀는 3개 국어를 할 수 있다.

05 그는 반 학생들에게 그 이야기를 큰 소리로 읽어 주었다.

06 이름을 말해 주세요.

07 선생님께서 내가 떠든다고 하신다.

선생님이 엄마와 전화로 얘기하실 것이다.

STEP1> 다음 문장을 소리 내어 읽고, 의미를 생각해보세요.

> **01 I have a big bed in my bedroom.**
>
> **02 I wake from a dream.**

STEP2> 단어를 익히고, 문장을 따라 써 보세요.

bed ⓝ 침대

03 The cat is sleeping on my bed.

bedroom ⓝ 침실

04 My bedroom has a large window.

dream ⓝ 꿈 ; ⓥ 꿈꾸다

05 I had a happy dream last night.

wake ⓥ 잠에서 깨다

06 I wake up at 7 AM every day.

STEP3> 다음 문장을 읽고, 해석해보세요.

07   I woke up from a bad dream.
I was in bed in my bedroom.

Translations> 오늘 배운 문장들에 대한 해석이에요.

01   내 침실에는 큰 침대가 있다.

02   나는 꿈에서 깬다.

03   고양이가 내 침대 위에서 자고 있다.

04   내 침실에는 큰 창문이 있다.

05   나는 어젯밤에 행복한 꿈을 꿨다.

06   나는 매일 아침 7시에 일어난다.

07   나는 나쁜 꿈에서 깨어났다.

나는 내 방 침대에 있었다.

DAY 60　　20　　.　.　.

> **01　Who is she and where is she from?**
> **02　What is this and when did you get it?**

what pron. 무엇
03 What is in the box?

who pron. 누구
04 Who is that person over there?

when ⓐⓓ 언제
05 When is your birthday?

where ⓐⓓ 어디에, 어디로
06 Where do you live?

> **07** **Where are you and who are you with?**
> **What are you doing and when will you come home?**

Translations> 오늘 배운 문장들에 대한 해석이에요.

01 그녀는 누구이며 어디에서 왔는가?

02 이게 뭐고 언제 샀니?

03 상자 안에는 무엇이 있어?

04 저기 있는 저 사람은 누구야?

05 너의 생일은 언제야?

06 너는 어디 살아?

07 어디에 있고 누구하고 있니?

뭐하고 있고 언제 집에 올 거니?

DAY 61　　20　·　·　·　

> **01　The bear is fat.**
> **02　The fox is brown.**

STEP2> 단어를 익히고, 문장을 따라 써 보세요.

fat　ⓐ 살찐, 뚱뚱한
03 The fat cat likes to eat fish.

bear　ⓝ 곰
04 A bear lives in the forest.

brown　ⓐ 갈색의
05 I have brown eyes.

fox　ⓝ 여우
06 A fox has a big tail.

> **07 The brown bear runs.**
> **The fat fox follows.**

Translations> 오늘 배운 문장들에 대한 해석이에요.

01 그 곰은 뚱뚱하다.

02 그 여우는 갈색이다.

03 그 뚱뚱한 고양이는 생선을 먹는 것을 좋아한다.

04 곰은 숲에 산다.

05 내 눈은 갈색이다.

06 여우는 큰 꼬리를 가지고 있다.

07 갈색 곰이 달린다.

뚱뚱한 여우가 따라간다.

DAY 62　　20 . . . 

STEP1> 다음 문장을 소리 내어 읽고, 의미를 생각해보세요.

> **01　I am glad that you are happy.**
>
> **02　I am sorry I forgot about your joy.**

STEP2> 단어를 익히고, 문장을 따라 써 보세요.

happy　ⓐ 행복한
03 I am happy today.

glad　ⓐ 기쁜
04 She is glad about the news.

joy　ⓝ 즐거움, 기쁨
05 Her face was full of joy.

sorry　ⓐ 미안한, 유감스러운
06 She feels sorry for him.

> **07 Wishing you a Happy New Year full of joy.**
> **Sorry I can't be there, but I'm glad you're well.**

Translations> 오늘 배운 문장들에 대한 해석이에요.

01 나는 네가 행복해서 기뻐.

02 네 기쁨을 잊어 버려서 미안해.

03 나는 오늘 행복하다.

04 그녀는 그 소식에 대해 기쁘다.

05 그녀의 얼굴은 기쁨으로 가득 찼다.

06 그녀는 그에게 미안함을 느낀다.

07 기쁨이 가득한 행복한 새해가 되길.

함께할 수 없어 미안하지만 잘 지내서 다행이다.

DAY 63　　20　　.　　.　　. 

> **01　I am from a small country, but my world is big.**
>
> **02　This is our nation's flag.**

world ⓝ 세계

03 We live in a beautiful world.

---

country ⓝ 나라, 시골

04 Korea is my home country.

---

nation ⓝ 국가, 민족

05 Every nation is different.

---

flag ⓝ 깃발

06 The Korean flag is red and blue.

> **07   There are many nations in the world.**
> **Which country's flag is this?**

Translations> 오늘 배운 문장들에 대한 해석이에요.

01   나는 작은 나라에서 왔지만 내 세상은 크다.

02   이것은 내 나라의 국기이다.

03   우리는 아름다운 세상에 산다.

04   한국은 내 모국이다.

05   모든 나라는 다르다.

06   한국 국기는 빨간색과 파란색이다.

07   세계에는 많은 나라들이 있다.

이것은 어떤 나라의 국기인가?

DAY 64　　20　　·　·　·　

> **01　Push the gate.**
>
> **02　The door is heavy to pull.**

STEP2> 단어를 익히고, 문장을 따라 써 보세요.

push ⓥ 밀다

03 Please push the button.

heavy ⓐ 무거운

04 My bag is too heavy.

gate ⓝ 문, 출입구

05 I close the gate.

pull ⓥ 당기다

06 I pull the rope.

> **07 The gate is too heavy.**
> **Should I pull it or push it?**

Translations> 오늘 배운 문장들에 대한 해석이에요.

01 그 문을 밀어라.

02 그 문은 당기기에 무겁다.

03 버튼을 눌러줘.

04 내 가방은 너무 무겁다.

05 나는 문을 닫는다.

06 나는 밧줄을 당긴다.

07 그 문은 너무 무겁다.

당겨야 하나 밀어야 하나?

STEP1> 다음 문장을 소리 내어 읽고, 의미를 생각해보세요.

> **01　Turn the light on.**
> **02　Turn off the bright lights.**

STEP2> 단어를 익히고, 문장을 따라 써 보세요.

on　prep. ~위에 ; ⓐⓓ 계속, 켜진
03 The book is on the desk.

light　ⓝ 빛 ; ⓐ 밝은, 가벼운
04 The light is bright.

bright　ⓐ 밝은
05 The stars are bright tonight.

off　prep. ~에서 떨어져 ; ⓐⓓ 떨어져서, 꺼진
06 Please turn off the television.

STEP3> 다음 문장을 읽고, 해석해보세요.

07   **Too many bright lights are on.**
     Can you turn some off?

Translations> 오늘 배운 문장들에 대한 해석이에요.

01   불을 켜라.

02   밝은 불을 꺼라.

03   그 책은 책상 위에 있다.

04   그 불빛은 밝다.

05   오늘 밤은 별이 밝다.

06   텔레비전을 꺼 주세요.

07   밝은 불이 너무 많이 켜져 있다.

     좀 꺼줄 수 있니?

DAY 66　20 

STEP1> 다음 문장을 소리 내어 읽고, 의미를 생각해보세요.

> **01　Move your arms and legs.**
> **02　Your body stands on your feet.**

STEP2> 단어를 익히고, 문장을 따라 써 보세요.

body ⓝ 몸, 신체
03 Exercise is good for your body.

arm ⓝ 팔
04 She raises her arm.

leg ⓝ 다리
05 A spider has eight legs.

foot ⓝ 발 (복수형: feet)
06 I kick the ball with my foot.

> **07 Move your arms away from your body.**
> **Then lift your legs and feet.**

Translations> 오늘 배운 문장들에 대한 해석이에요.

01 팔과 다리를 움직여라.

02 너의 몸은 발 위에 서 있다.

03 운동은 너의 몸에 좋다.

04 그녀는 팔을 든다.

05 거미는 8개의 다리를 가지고 있다.

06 나는 발로 공을 찬다.

07 팔을 몸에서 멀리 움직여라.

그리고 다리와 발을 들어라.

STEP1> 다음 문장을 소리 내어 읽고, 의미를 생각해보세요.

> **01　Every boy has one ball.**
> **02　All girls eat some cake.**

STEP2> 단어를 익히고, 문장을 따라 써 보세요.

all　ⓐ 모든
03　All students must wear a uniform.

every　ⓐ 모든
04　Every student has a book.

one　ⓝ 하나
05　I have one brother and two sisters.

some　ⓐ 약간의, 몇몇의
06　I want some cookies.

> **07** **I listen to one song all day.**
> **I play some songs every day.**

Translations> 오늘 배운 문장들에 대한 해석이에요.

01 모든 소년은 공 한 개를 가지고 있다.

02 모든 소녀들은 케이크를 조금 먹는다.

03 모든 학생은 교복을 입어야 한다.

04 모든 학생은 책을 가지고 있다.

05 나는 남자 형제 한 명과 여자 형제 두 명이 있다.

06 나는 쿠키를 좀 원한다.

07 나는 노래 하나를 종일 듣는다.

나는 어떤 노래들을 매일 듣는다.

DAY 68   20   .   .   . 

STEP1> 다음 문장을 소리 내어 읽고, 의미를 생각해보세요.

> **01 How many lessons are in the textbook?**
> **02 I know you study hard.**

STEP2> 단어를 익히고, 문장을 따라 써 보세요.

know ⓥ 알다

03 I know the answer.

lesson ⓝ 수업, 교훈

04 I learn a new lesson.

study ⓥ 공부하다

05 I study English every day.

textbook ⓝ 교과서

06 I read my textbook at home.

> **07   I study only with the textbook.**
> **I know everything in this lesson.**

Translations> 오늘 배운 문장들에 대한 해석이에요.

01   이 교과서에 몇 과가 있나?

02   나는 네가 열심히 공부하는 걸 안다.

03   나는 정답을 안다.

04   나는 새로운 수업을 배운다.

05   나는 매일 영어를 공부한다.

06   나는 집에서 교과서를 읽었다.

07   나는 교과서로만 공부한다.

나는 이 과의 모든 것을 안다.

DAY 69　20　.　.　.

STEP1> 다음 문장을 소리 내어 읽고, 의미를 생각해보세요.

> **01　The street shop only takes cash.**
>
> **02　This store sells everything.**

STEP2> 단어를 익히고, 문장을 따라 써 보세요.

shop　ⓝ 상점 ; ⓥ 사다, 쇼핑하다

03 She shops for food.

store　ⓝ 가게

04 You can buy milk at the grocery store.

sell　ⓥ 팔다

05 They sell fresh fruit at the market.

cash　ⓝ 현금

06 Do you have any cash?

> **07** **This donut shop sells the best donut.**
>   **But the store does not take cash.**

Translations> 오늘 배운 문장들에 대한 해석이에요.

01 이 길거리 상점은 현금만 받는다.

02 이 가게는 모든 것을 판다.

03 그녀는 식료품을 산다.

04 너는 식료품점에서 우유를 살 수 있다.

05 그들은 시장에서 신선한 과일을 판다.

06 너 현금 좀 있니?

07 이 도넛 가게는 최고의 도넛을 판다.

하지만 그 가게는 현금을 받지 않는다.

DAY 70　　20　　•　•　•　

STEP1> 다음 문장을 소리 내어 읽고, 의미를 생각해보세요.

> **01　Your voice sounds beautiful.**
>
> **02　The smell hit my nose.**

STEP2> 단어를 익히고, 문장을 따라 써 보세요.

sound　ⓝ 소리 ; ⓥ 들리다

03 The sound of the music is too loud.

voice　ⓝ 목소리

04 She has a beautiful voice.

nose　ⓝ 코

05 I smell with my nose.

smell　ⓝ 냄새 ; ⓥ 냄새를 맡다

06 The flowers smell sweet.

STEP3> 다음 문장을 읽고, 해석해보세요.

> **07 The flowers smell sweet to my nose.**
> **The singer's voice sounds wonderful.**

Translations> 오늘 배운 문장들에 대한 해석이에요.

01 너의 목소리는 아름답게 들린다.

02 그 냄새가 내 코를 스쳤다.

03 음악 소리가 너무 크다.

04 그녀는 목소리가 아름답다.

05 나는 코로 냄새를 맡는다.

06 꽃에서 달콤한 냄새가 난다.

07 그 꽃들은 내 코에 달콤한 냄새가 난다.

그 가수의 목소리는 훌륭하다.

DAY 71　20

STEP1> 다음 문장을 소리 내어 읽고, 의미를 생각해보세요.

> **01　What did you put in your pocket?**
>
> **02　Can you find my key?**

STEP2> 단어를 익히고, 문장을 따라 써 보세요.

put ⓥ 놓다, 두다

03 I put the book on the table.

key ⓝ 열쇠, 핵심

04 The key opens the door.

pocket ⓝ 주머니

05 I put it in my pocket.

find ⓥ 발견하다, 찾다

06 I can't find my toy.

STEP3> 다음 문장을 읽고, 해석해보세요.

> **07   I put my key in my pocket.**
> **But now I can't find it.**

Translations> 오늘 배운 문장들에 대한 해석이에요.

01   너 주머니에 뭘 넣었니?

02   내 열쇠 찾을 수 있어?

03   나는 책을 테이블 위에 놓는다.

04   그 열쇠는 문을 연다.

05   나는 그것을 주머니에 넣는다.

06   나는 내 장난감을 찾을 수 없다.

07   나는 내 열쇠를 주머니에 넣었다.

그런데 지금은 찾을 수가 없다.

DAY 72　20　.　.　. 

> **01　Stop and think before you act.**
>
> **02　Start again after you rest.**

STEP2> 단어를 익히고, 문장을 따라 써 보세요.

stop　ⓥ 멈추다

03 The car will stop at the corner.

before　prep. ~전에

04 Wash your hands before you eat.

start　ⓥ 시작하다

05 The movie will start at 7 PM.

after　prep. ~후에

06 Let's play outside after school.

STEP3> 다음 문장을 읽고, 해석해보세요.

**07   Stop before you cross the road.
Start after the light turns on green.**

Translations> 오늘 배운 문장들에 대한 해석이에요.

01   행동하기 전에 멈추고 생각해라.

02   쉬고 나서 다시 시작해라.

03   자동차는 모퉁이에서 멈출 것이다.

04   밥 먹기 전에 손을 씻어라.

05   영화는 저녁 7시에 시작할 것이다.

06   방과 후에 밖에서 놀자.

07   길을 건너기 전에 멈춰라.

신호등에 초록불이 켜지면 출발해라.

DAY 73   20   .   .   . 

STEP1> 다음 문장을 소리 내어 읽고, 의미를 생각해보세요.

> **01 She has a pretty face.**
>
> **02 Ugly fruits taste nice.**

STEP2> 단어를 익히고, 문장을 따라 써 보세요.

pretty ⓐ 예쁜
03 A princess wears a pretty dress.

face ⓝ 얼굴
04 Wash your face.

nice ⓐ 좋은, 친절한
05 That's a nice shirt.

ugly ⓐ 못생긴, 추한
06 The monster is ugly.

> **07 She has a pretty face and nice hair.**
> **She never looks ugly.**

Translations> 오늘 배운 문장들에 대한 해석이에요.

01 그녀는 예쁜 얼굴을 가졌다.

02 못생긴 과일이 맛있다.

03 공주는 예쁜 드레스를 입는다.

04 얼굴을 씻어라.

05 그 셔츠 멋지다.

06 그 괴물은 못생겼다.

07 그녀는 예쁜 얼굴과 멋진 머리카락을 가졌다.

그녀는 절대로 못생겨 보이지 않는다.

STEP1> 다음 문장을 소리 내어 읽고, 의미를 생각해보세요.

---

01 An adult needs a job.

02 His boss leads the company.

STEP2> 단어를 익히고, 문장을 따라 써 보세요.

adult ⓝ 어른

03 She is an adult.

job ⓝ 직업, 일

04 He likes his job.

boss ⓝ 사장, 상사

05 I talk to my boss.

company ⓝ 회사

06 My mother works for a big company.

> **07 When I become an adult, I will work at this company.
> I will be good at my job and become a boss.**

Translations> 오늘 배운 문장들에 대한 해석이에요.

01 어른들은 직업이 필요하다.

02 그의 상사는 회사를 이끈다.

03 그녀는 어른이다.

04 그는 자신의 일을 좋아한다.

05 나는 내 상사와 이야기한다.

06 내 어머니는 큰 회사에서 일하신다.

07 내가 어른이 되면 나는 이 회사에서 일할 것이다.

나는 일을 잘 해서 상사가 될 것이다.

DAY 75　20 ．．．．

> **01** I'm deep in the forest.
>
> **02** I see a wood branch on the ground.

STEP2> 단어를 익히고, 문장을 따라 써 보세요.

deep ⓐ 깊은
03 The ocean is very deep.

forest ⓝ 숲
04 Many animals live in the forest.

branch ⓝ 나뭇가지
05 A bird is sitting on a branch.

wood ⓝ 나무, 목재
06 This table is made of wood.

> **07 Pick up branches in the deep forest.**
> **Then make fire with wood.**

Translations> 오늘 배운 문장들에 대한 해석이에요.

01 나는 깊은 숲 속에 있다.

02 나는 땅 위에 있는 나뭇가지를 본다.

03 바다는 매우 깊다.

04 많은 동물들이 숲에 산다.

05 새 한 마리가 나뭇가지에 앉아 있다.

06 이 테이블은 나무로 만들어졌다.

07 깊은 숲 속에서 나뭇가지들을 주워라.

그리고 나무로 불을 피워라.

DAY 76　　20　　．　　．　　．

STEP1> 다음 문장을 소리 내어 읽고, 의미를 생각해보세요.

> **01　My cousin will visit me in summer.**
>
> **02　My aunt and uncle live in LA.**

STEP2> 단어를 익히고, 문장을 따라 써 보세요.

visit ⓥ 방문하다

03 We visit the museum.

aunt ⓝ 이모, 고모

04 My aunt lives in another city.

uncle ⓝ 삼촌

05 My uncle is my father's brother.

cousin ⓝ 사촌

06 I play with my cousin.

> **07   I visit my aunt every year.**
> **I see my uncle and cousins.**

Translations> 오늘 배운 문장들에 대한 해석이에요.

01   여름에 내 사촌이 놀러올 것이다.

02   우리 고모와 고모부는 LA에 사신다.

03   우리는 박물관을 방문한다.

04   내 이모는 다른 도시에 산다.

05   내 삼촌은 아버지의 형제다.

06   나는 내 사촌과 논다.

07   나는 매년 우리 이모를 방문한다.

이모부과 사촌들도 만난다.

DAY 77　20　.　.　.　.　

STEP1> 다음 문장을 소리 내어 읽고, 의미를 생각해보세요.

> **01**　I hope for a good future.
>
> **02**　I wish to follow my plan.

STEP2> 단어를 익히고, 문장을 따라 써 보세요.

hope　ⓝ 희망 ; ⓥ 희망하다, 바라다
03 She hopes to win.

wish　ⓝ 바람 ; ⓥ 바라다
04 Make a wish.

plan　ⓝ 계획 ; ⓥ 계획하다
05 What is your plan for the holiday?

future　ⓝ 미래
06 I want to be a scientist in the future.

> **07** **Don't lose hope and wish for good things.**
> **Always plan your future.**

Translations> 오늘 배운 문장들에 대한 해석이에요.

01 나는 좋은 미래를 바란다.

02 나는 내 계획을 따르기를 바란다.

03 그녀는 이기기를 바란다.

04 소원을 빌어라.

05 너의 휴일 계획은 뭐야?

06 나는 미래에 과학자가 되고 싶다.

07 희망을 잃지 말고 좋은 일이 있길 빌어라.

항상 미래를 계획해라.

DAY 78   20   .   .   . 

STEP1> 다음 문장을 소리 내어 읽고, 의미를 생각해보세요.

> **01   Sharks bite with sharp teeth.**
>
> **02   I have dry mouth and lips.**

STEP2> 단어를 익히고, 문장을 따라 써 보세요.

mouth ⓝ 입

03 Open your mouth wide.

bite ⓥ 물다

04 I bite the apple.

lip ⓝ 입술

05 She put red lipstick on her lips.

tooth ⓝ 이 (복수형: teeth)

06 You should brush your teeth.

> ### 07 Bite this with your teeth.
> ### Do not move your mouth and lips.

Translations> 오늘 배운 문장들에 대한 해석이에요.

01 상어는 날카로운 이빨로 문다.

02 나는 입과 입술이 마른다.

03 입을 크게 벌려라.

04 나는 그 사과를 문다.

05 그녀는 입술에 빨간 립스틱을 발랐다.

06 너는 이를 닦아야 한다.

07 이것을 이로 물어라.

입과 입술을 움직이지 말아라.

STEP1> 다음 문장을 소리 내어 읽고, 의미를 생각해보세요.

> **01　Please stay there.**
> **02　Don't come over here.**

STEP2> 단어를 익히고, 문장을 따라 써 보세요.

stay ⓥ 머무르다

03 Can I stay at your house tonight?

here ⓐ 여기에

04 Please put your bag here.

come ⓥ 오다

05 Please come to my birthday party.

there ⓐ 거기에

06 The book is over there on the table.

STEP3> 다음 문장을 읽고, 해석해보세요.

07   Will you stay there?
Here I come.

Translations> 오늘 배운 문장들에 대한 해석이에요.

01   거기 계세요.

02   여기로 오지 마세요.

03   오늘 밤 너의 집에 머물러도 되니?

04   가방을 여기에 놓으세요.

05   내 생일 파티에 와주세요.

06   책은 저기 테이블 위에 있다.

07   거기 있을래?

여기 내가 간다.

DAY 80　　20　．．．． 

STEP1> 다음 문장을 소리 내어 읽고, 의미를 생각해보세요.

> **01　The cloud is grey.**
> **02　Thick fog fills the air.**

STEP2> 단어를 익히고, 문장을 따라 써 보세요.

cloud ⓝ 구름

03 The clouds are white.

grey ⓐ 회색의

04 An elephant is a big, grey animal.

fog ⓝ 안개

05 I cannot see in the fog.

air ⓝ 공기

06 We need clean air.

> **07 The grey clouds are in the sky.**
> **Fog fills the air.**

Translations> 오늘 배운 문장들에 대한 해석이에요.

01 구름이 회색이다.

02 짙은 안개가 공기를 채운다.

03 그 구름들은 하얗다.

04 코끼리는 몸집이 큰 회색 동물이다.

05 나는 안개 속에서 볼 수 없다.

06 우리는 깨끗한 공기가 필요하다.

07 회색 구름이 하늘에 있다.

안개가 공기를 채운다.

DAY 81　20　·　·　·

STEP1> 다음 문장을 소리 내어 읽고, 의미를 생각해보세요.

> **01　Catch me if I fall down.**
>
> **02　Do you have another idea?**

STEP2> 단어를 익히고, 문장을 따라 써 보세요.

catch ⓥ 잡다
03　I catch the ball.

down ⓐⓓ 아래로
04　The sun goes down in the evening.

another ⓐ 또 하나의
05　Can I have another piece of cake?

idea ⓝ 생각, 아이디어
06　That is a very good idea.

> **07   I have another idea.**
> **Let's walk down to the beach and catch some fish.**

Translations> 오늘 배운 문장들에 대한 해석이에요.

01   내가 넘어지면 잡아 줘.

02   너 다른 생각이 있니?

03   나는 공을 잡는다.

04   해는 저녁에 진다.

05   케이크 한 조각 더 먹어도 될까?

06   그것은 아주 좋은 생각이다.

07   나 다른 생각이 있어.

바닷가로 걸어 내려가서 물고기를 잡자.

DAY 82　20 

STEP1> 다음 문장을 소리 내어 읽고, 의미를 생각해보세요.

> **01 Is the test easy or difficult?**
>
> **02 I will answer anything you ask.**

STEP2> 단어를 익히고, 문장을 따라 써 보세요.

ask ⓥ 묻다
03 I want to ask a question.

easy ⓐ 쉬운
04 Math is easy for me.

answer ⓝ 대답 ; ⓥ 대답하다
05 I know the answer to your question.

difficult ⓐ 어려운
06 This question is difficult.

> **07 The question is difficult to answer.**
> **Ask me an easy question.**

Translations> 오늘 배운 문장들에 대한 해석이에요.

01 그 시험은 쉬워? 어려워?

02 네가 묻는 것은 뭐든 대답할게.

03 나는 질문을 하나 하고 싶다.

04 수학은 나에게 쉽다.

05 나는 너의 질문에 대한 답을 안다.

06 이 질문은 어렵다.

07 그 질문은 대답하기 어렵다.

쉬운 질문을 해라.

DAY 83   20 . . . 

> **01 Please take this home.**
>
> **02 Can you bring that chair here?**

bring ⓥ 가져오다

03 I will bring my toy to school.

that pron. 저, 저것

04 I like that book.

take ⓥ 가져가다

05 You should take an umbrella with you.

this pron. 이, 이것

06 This is my favorite song.

> **07 Take this book with you.**
> **Bring that one here instead.**

Translations> 오늘 배운 문장들에 대한 해석이에요.

01 이걸 집으로 가져가라.

02 그 의자 여기로 가지고 올 수 있니?

03 나는 학교에 내 장난감을 가져갈 것이다.

04 나는 그 책을 좋아한다.

05 너는 우산을 가져가야 한다.

06 이것은 내가 가장 좋아하는 노래다.

07 이 책 가져가.

대신 그 책을 여기로 가져와.

DAY 84　20 

STEP1> 다음 문장을 소리 내어 읽고, 의미를 생각해보세요.

> **01　The wife loves her husband.**
> **02　They got married without a wedding.**

STEP2> 단어를 익히고, 문장을 따라 써 보세요.

wife ⓝ 아내

03 The man gave flowers to his wife.

husband ⓝ 남편

04 Her husband is a kind man.

marry ⓥ 결혼하다

05 The prince will marry the princess.

wedding ⓝ 결혼식

06 The wedding will be in June.

> **07 They got married today at a beautiful wedding.**
> **They are now husband and wife.**

Translations> 오늘 배운 문장들에 대한 해석이에요.

01 그 아내는 남편을 사랑한다.

02 그들은 결혼식을 하지 않고 결혼했다.

03 그 남자는 그의 아내에게 꽃을 주었다.

04 그녀의 남편은 친절한 남자다.

05 왕자는 공주와 결혼할 것이다.

06 결혼식은 6월에 있을 것이다.

07 그들은 오늘 아름다운 결혼식에서 결혼했다.

이제 그들은 남편과 아내이다.

DAY 85　　20 

> **01　My favorite meat is beef.**
> **02　There are cows and pigs on the farm.**

STEP2> 단어를 익히고, 문장을 따라 써 보세요.

meat ⓝ 고기
03 The meat is delicious.

pig ⓝ 돼지
04 A pig lives on a farm.

beef ⓝ 소고기
05 We had beef steak for dinner.

cow ⓝ 암소, 소
06 A cow gives us milk.

STEP3> 다음 문장을 읽고, 해석해보세요.

> **07 Beef is cow meat.**
> **Pork is pig meat.**

Translations> 오늘 배운 문장들에 대한 해석이에요.

01 내가 제일 좋아하는 고기는 소고기이다.

02 농장에 소와 돼지들이 있다.

03 그 고기는 맛있다.

04 돼지는 농장에 산다.

05 우리는 저녁으로 소고기 스테이크를 먹었다.

06 암소는 우리에게 우유를 준다.

07 소고기는 소의 고기이다.

돼지고기는 돼지의 고기이다.

DAY 86　　20　　．　　．　　．

> **01 Drink a cup of water in the kitchen.**
> **02 I sit at the table by the window.**

STEP2> 단어를 익히고, 문장을 따라 써 보세요.

of prep. ~의
03 She is a friend of mine.

in prep. ~안에 ; ⓐⓓ 안에
04 The cat is in the box.

by prep. ~옆에, ~옆에
05 The house is by the river.

at prep. ~에
06 Let's meet at the bus stop.

> **07 I'm at home in my room.**
> **It is one of the rooms by the kitchen.**

Translations> 오늘 배운 문장들에 대한 해석이에요.

01 부엌에서 물 한 잔을 마셔라.

02 나는 창문 옆 그 테이블에 앉아 있다.

03 그녀는 내 친구 중 한 명이다.

04 고양이가 상자 안에 있다.

05 그 집은 강 옆에 있다.

06 버스 정류장에서 만나자.

07 나는 집에서 내 방에 있다.

그것은 부엌 옆에 있는 방들 중 하나다.

DAY 87　　20　　　•　　•　　• 

STEP1> 다음 문장을 소리 내어 읽고, 의미를 생각해보세요.

> **01　Am I right or wrong?**
>
> **02　It is not true, but it is not a lie.**

STEP2> 단어를 익히고, 문장을 따라 써 보세요.

right　ⓝ 오른쪽 ; ⓐ 옳은, 오른쪽의 ; ㉿ 바르게

03 This is the right answer.

wrong　ⓐ 틀린, 잘못된

04 I am wrong.

true　ⓐ 진실한, 사실인

05 Is that true?

lie　ⓝ 거짓말 ; ⓥ 눕다, 거짓말하다

06 Don't tell a lie.

> 07 **Don't lie and tell me what is true.**
> **You know right from wrong.**

Translations> 오늘 배운 문장들에 대한 해석이에요.

01 내가 맞았니, 틀렸니?

02 그것은 사실이 아니지만 거짓말도 아니다.

03 이것은 정답이다.

04 나는 틀렸다.

05 그것이 사실이니?

06 거짓말하지 마라.

07 거짓말 하지 말고 진실을 말해라.

너는 옳고 그름을 안다.

DAY 88   20　　　.　　.　　.

STEP1> 다음 문장을 소리 내어 읽고, 의미를 생각해보세요.

> **01 Enjoy your trip.**
> **02 We travel on a long holiday.**

STEP2> 단어를 익히고, 문장을 따라 써 보세요.

holiday ⓝ 휴일

03 Today is a holiday.

trip ⓝ 여행

04 Our trip is fun.

enjoy ⓥ 즐기다

05 We enjoy the party.

travel ⓝ 여행 ; ⓥ 여행하다

06 I travel to Japan.

> **07 We travel on holidays.**
> **We really enjoy trips.**

Translations> 오늘 배운 문장들에 대한 해석이에요.

01 즐거운 여행 되세요.

02 우리는 긴 휴가 동안 여행한다.

03 오늘은 휴일이다.

04 우리의 여행은 재미있다.

05 우리는 파티를 즐긴다.

06 나는 일본으로 여행한다.

07 우리는 휴일에 여행을 한다.

우리는 여행을 정말 즐긴다.

DAY 89　　20 ・ ・ ・ ・ 

STEP1> 다음 문장을 소리 내어 읽고, 의미를 생각해보세요.

> **01　I have a fever and a headache.**
>
> **02　I go to the restroom when I feel sick.**

STEP2> 단어를 익히고, 문장을 따라 써 보세요.

feel ⓥ 느끼다
03 I feel good today.

headache ⓝ 두통
04 I have a headache.

fever ⓝ 열
05 She has a fever.

restroom ⓝ 화장실
06 May I go to the restroom?

> **07 Feel my head to check for a fever,
> I had a headache in the restroom.**

Translations> 오늘 배운 문장들에 대한 해석이에요.

01 나는 열과 두통이 있다.

02 나는 아플 때 화장실에 간다.

03 나는 오늘 기분이 좋다.

04 나는 두통이 있다.

05 그녀는 열이 있다.

06 화장실에 가도 될까?

07 열을 확인하게 내 머리를 만져봐라.

화장실에서 두통이 있었다.

STEP1> 다음 문장을 소리 내어 읽고, 의미를 생각해보세요.

> **01　I play with a cat and a dog.**
> **02　The milk is not for the dog, but for the cat.**

STEP2> 단어를 익히고, 문장을 따라 써 보세요.

for prep. ~을 위하여
03　I bought a present for my friend.

but conj. 그러나
04　The sun is shining, but it is cold.

with prep. ~와 함께
05　I play with my dog in the yard.

and conj. 그리고
06　I like apples and bananas.

07   Our parents work hard for you and me.
I want to play with them, but they are busy.

Translations> 오늘 배운 문장들에 대한 해석이에요.

01   나는 고양이 그리고 개와 함께 논다.

02   그 우유는 개를 위한 것이 아니라 고양이를 위한 것이다.

03   나는 친구를 위해 선물을 샀다.

04   햇살은 빛나고 있지만, 날씨는 춥다.

05   나는 마당에서 내 개와 함께 논다.

06   나는 사과와 바나나를 좋아한다.

07   우리 부모님은 너와 나를 위해 열심히 일하신다.

같이 놀고 싶지만 부모님은 바쁘시다.

DAY 91　　20

STEP1> 다음 문장을 소리 내어 읽고, 의미를 생각해보세요.

> **01　I like you. I do not hate you.**
>
> **02　I wish you good luck and good fortune.**

STEP2> 단어를 익히고, 문장을 따라 써 보세요.

hate ⓥ 싫어하다
03 I hate spiders.

like ⓥ 좋아하다
04 I like ice cream.

luck ⓝ 운
05 He needs some luck.

fortune ⓝ 운명, 큰 돈
06 He makes a fortune.

> **07 Don't hate bad luck.**
> **Good fortune likes smiles.**

Translations> 오늘 배운 문장들에 대한 해석이에요.

01 나는 너를 좋아한다. 나는 너를 싫어하지 않는다.

02 나는 너에게 행운과 복이 있기를 바란다.

03 나는 거미를 싫어한다.

04 나는 아이스크림을 좋아한다.

05 그는 운이 좀 필요하다.

06 그는 많은 돈을 번다.

07 불운을 미워하지 마라.

　　행운은 미소를 좋아한다.

DAY 92　　20　　．　．　．　

> **01　I jump into the pool and swim.**
> **02　You can touch it but don't use it.**

STEP2> 단어를 익히고, 문장을 따라 써 보세요.

swim　ⓥ 수영하다

03　I swim every morning.

use　ⓥ 사용하다

04　I use a pen.

jump　ⓝ 점프 ; ⓥ 점프하다

05　The cat can jump high.

touch　ⓥ 만지다

06　Don't touch that.

> **07** **Use the shower before you jump in to swim.**
> **Don't touch the lane.**

Translations> 오늘 배운 문장들에 대한 해석이에요.

01 나는 풀장에 뛰어들어 수영한다.

02 너는 만져도 되지만 사용하지 마라.

03 나는 매일 아침 수영한다.

04 나는 펜을 사용한다.

05 고양이는 높이 뛸 수 있다.

06 그것을 만지지 마라.

07 수영하러 뛰어들기 전에 샤워를 해라.

레인을 만지지 말아라.

DAY 93　　20　　　.　　.　　. 

STEP1> 다음 문장을 소리 내어 읽고, 의미를 생각해보세요.

> **01　The ring is gold.**
>
> **02　I break ice with a spoon.**

STEP2> 단어를 익히고, 문장을 따라 써 보세요.

ice ⓝ 얼음

03　The ice is cold.

spoon ⓝ 숟가락

04　I eat my soup with a spoon.

gold ⓝ 금

05　Gold is expensive.

ring ⓝ 반지

06　He gave her a diamond ring.

STEP3> 다음 문장을 읽고, 해석해보세요.

07　We eat shave ice with a spoon.

Mom has a gold ring on her hand.

Translations> 오늘 배운 문장들에 대한 해석이에요.

01　그 반지는 금이다.

02　나는 숟가락으로 얼음을 깬다.

03　그 얼음은 차갑다.

04　나는 숟가락으로 수프를 먹는다.

05　금은 비싸다.

06　그는 그녀에게 다이아몬드 반지를 주었다.

07　우리는 숟가락으로 빙수를 먹는다.

　　엄마는 손에 금반지를 끼셨다.

DAY 94　　20　　• • • •

STEP1> 다음 문장을 소리 내어 읽고, 의미를 생각해보세요.

> **01** **I see you.**
>
> **02** **It can be big.**

STEP2> 단어를 익히고, 문장을 따라 써 보세요.

I pron. 나는

03 I like ice cream.

you pron. 너는, 당신은

04 Are you ready to go?

it pron. 그것

05 It is a sunny day.

be ⓥ ~이다, 있다

06 I want to be a doctor.

07   I like you.

It will be okay.

Translations> 오늘 배운 문장들에 대한 해석이에요.

01   나는 너를 본다.

02   그것은 클 수 있다.

03   나는 아이스크림을 좋아한다.

04   너는 갈 준비가 되었니?

05   화창한 날이다.

06   나는 의사가 되고 싶다.

07   나는 너를 좋아한다.

괜찮을 것이다.

DAY 95　20　．　．　．

STEP1> 다음 문장을 소리 내어 읽고, 의미를 생각해보세요.

> **01　I walk along the road and go across the bridge.**
> **02　I go over the hill and stand between two trees.**

STEP2> 단어를 익히고, 문장을 따라 써 보세요.

over prep. ~을 넘어

03　The airplane is flying over the city.

along prep. ~을 따라

04　There are many trees along the street.

across prep. ~을 가로질러

05　She swam across the lake.

between prep. ~사이에

06　The cat is hiding between the two boxes.

STEP3> 다음 문장을 읽고, 해석해보세요.

> **07   Go along the road to the park.**
> **My house is across the street, between the buildings.**

Translations> 오늘 배운 문장들에 대한 해석이에요.

01   나는 길을 따라 걸어가며 다리를 건넌다.

02   나는 언덕을 넘어가 두 나무 사이에 선다.

03   비행기가 도시 위를 난다.

04   길을 따라 많은 나무들이 있다.

05   그녀는 호수를 헤엄쳐 건넜다.

06   고양이가 두 상자 사이에 숨어 있다.

07   길을 따라 공원으로 가라.

우리 집은 길 건너 건물들 사이에 있다.

DAY 96 　20 ． ． ．

STEP1> 다음 문장을 소리 내어 읽고, 의미를 생각해보세요.

> **01　I walk from home to school.**
>
> **02　I am smaller than you, so I can hide.**

STEP2> 단어를 익히고, 문장을 따라 써 보세요.

to prep. ~로

03 I am going to the library.

from prep. ~로부터

04 I received a letter from my friend.

so 너무, 그래서

05 It was raining, so I took an umbrella.

than ~보다

06 An elephant is bigger than a mouse.

> **07   I run from school to home.**
> **It's harder than it looks, so I am tired.**

Translations> 오늘 배운 문장들에 대한 해석이에요.

01   나는 집에서 학교까지 걸어간다.

02   나는 너보다 작아서 숨을 수 있다.

03   나는 도서관에 가는 중이다.

04   나는 친구로부터 편지를 받았다.

05   비가 오고 있어서, 나는 우산을 가져갔다.

06   코끼리는 쥐보다 더 크다.

07   나는 학교에서 집으로 뛰어간다.

보기보다 힘들어서 나는 피곤하다.

STEP1> 다음 문장을 소리 내어 읽고, 의미를 생각해보세요.

> **01　Get the book. Bring it here.**
>
> **02　Hold my hand. Keep it warm.**

STEP2> 단어를 익히고, 문장을 따라 써 보세요.

get　ⓥ 얻다, 가져 오다
03 Can you get my bag?

bring　ⓥ 가져오다
04 I bring my bag to school.

hold　ⓥ 잡다
05 I hold the cup carefully.

keep　ⓥ 유지하다, 간직하다
06 I keep my toys in the box.

> **07   Bring your warm jacket because it gets cold.**
> **Let's hold hands to keep warm.**

Translations> 오늘 배운 문장들에 대한 해석이에요.

01   그 책을 가져와라. 그것을 여기로 가져와라.

02   내 손을 잡아라. 그것을 따뜻하게 유지해라.

03   내 가방 좀 갖다 줄래?

04   나는 학교에 가방을 가져온다.

05   나는 컵을 조심히 잡는다.

06   나는 장난감을 상자에 간직한다.

07   추워지니까 따뜻한 겉옷을 가져와.

손을 잡고 따뜻함을 유지하자.

STEP1> 다음 문장을 소리 내어 읽고, 의미를 생각해보세요.

01　I like famous art pieces.

02　I paint a picture in the museum.

STEP2> 단어를 익히고, 문장을 따라 써 보세요.

---

art ⓝ 예술

03 She studies art at school.

---

famous ⓐ 유명한

04 He is a famous actor.

---

paint ⓝ 물감 ; ⓥ 그리다, 칠하다

05 I like to paint pictures of flowers.

---

museum ⓝ 박물관

06 The museum is interesting.

> **07 I see famous art pieces in the museum.**
> **I come home and paint them.**

Translations> 오늘 배운 문장들에 대한 해석이에요.

01 나는 유명한 예술 작품들을 좋아한다.

02 나는 박물관에서 그림을 그린다.

03 그녀는 학교에서 미술을 공부한다.

04 그는 유명한 배우다.

05 나는 꽃 그림 그리기를 좋아한다.

06 그 박물관은 흥미롭다.

07 나는 박물관에서 유명한 예술 작품들을 본다.

나는 집에 와서 그것들을 그린다.

DAY 99　　20　·　·　·　·　

STEP1> 다음 문장을 소리 내어 읽고, 의미를 생각해보세요.

> **01　If you run, you will win.**
>
> **02　It may rain or it might not.**

STEP2> 단어를 익히고, 문장을 따라 써 보세요.

if 만약 ~라면

03 If you are hungry, you can eat a snack.

will aux. ~일 것이다

04 I will call you tomorrow.

may aux. 아마도 ~일 것이다, ~해도 좋다

05 It may rain this afternoon.

might aux. 아마도 ~일 것이다

06 I might buy a new toy.

STEP3> 다음 문장을 읽고, 해석해보세요.

> **07 It might rain, so we will stay home.**
> **If you want, you may join us.**

Translations> 오늘 배운 문장들에 대한 해석이에요.

01 네가 달리면 이길 것이다.

02 비가 올 수도 있고 안 올 수도 있다.

03 만약 배가 고프면, 간식을 먹어도 좋다.

04 내가 내일 당신에게 전화할게요.

05 오늘 오후에 비가 올지도 모른다.

06 나는 새 장난감을 살지도 모른다.

07 비가 올지도 모르니까 집에 있을 거다.

　　　네가 원하면, 우리와 함께 해도 좋다.

DAY 100　20　　.　.　. 

> **01　Add the numbers.**
>
> **02　I got a hundred points in mathematics.**

STEP2> 단어를 익히고, 문장을 따라 써 보세요.

hundred ⓝ 100

03 I count to one hundred.

number ⓝ 숫자

04 My favorite number is seven.

add ⓥ 더하다

05 If you add two and three, you get five.

mathematics ⓝ 수학

06 Mathematics is my favorite subject.

> **07 I add the numbers to make a hundred,**
> **Mathematics is my favorite class.**

Translations> 오늘 배운 문장들에 대한 해석이에요.

01 숫자를 더해라.

02 나는 수학에서 100점을 받았다.

03 나는 100까지 센다.

04 내가 가장 좋아하는 숫자는 7이다.

05 2와 3을 더하면 5가 된다.

06 수학은 내가 가장 좋아하는 과목이다.

07 나는 100을 만들기 위해서 숫자를 더한다.

수학은 내가 제일 좋아하는 수업이다.

DAY 101   20   .   .   . 

STEP1> 다음 문장을 소리 내어 읽고, 의미를 생각해보세요.

> **01   I can do it well.**
>
> **02   You should try hard because you could win.**

STEP2> 단어를 익히고, 문장을 따라 써 보세요.

do ⓥ 하다

03 You must do your homework.

should aux. ~해야 한다

04 You should eat more vegetables.

can aux. ~할 수 있다

05 A bird can fly, but a pig cannot.

could aux. ~할 수 있었다

06 When I was young, I could run very fast.

STEP3> 다음 문장을 읽고, 해석해보세요.

> **07 I did what I could.**
> **But I should do better.**

Translations> 오늘 배운 문장들에 대한 해석이에요.

01 나는 그것을 잘할 수 있다.

02 너는 이길 수도 있기 때문에 열심히 노력해야 한다.

03 너는 숙제를 해야 한다.

04 너는 채소를 더 많이 먹어야 한다.

05 새는 날 수 있지만, 돼지는 날 수 없다.

06 나는 어렸을 때 매우 빨리 달릴 수 있었다.

07 나는 내가 할 수 있는 것을 했다.

하지만 나는 더 잘 해야 한다.

STEP1> 다음 문장을 소리 내어 읽고, 의미를 생각해보세요.

01　I want this thing.
02　I need it now.

STEP2> 단어를 익히고, 문장을 따라 써 보세요.

want　ⓥ 원하다
03　I want to be a great artist.

thing　ⓝ 것, 물건
04　What is that thing on your desk?

now　ad 지금
05　We must leave now.

need　ⓥ 필요하다
06　Plants need water and sunlight.

> **07 I want it now.**
> **I need one more thing.**

Translations> 오늘 배운 문장들에 대한 해석이에요.

01 나는 이 물건을 원한다.

02 나는 그것을 지금 필요로 한다.

03 나는 훌륭한 예술가가 되기를 원한다.

04 너의 책상 위에 있는 저것은 뭐야?

05 우리는 지금 떠나야 한다.

06 식물은 물과 햇빛이 필요하다.

07 나는 그것을 지금 원한다.

나는 한 가지를 더 필요로 한다.

DAY 103　20 　.　.　. 

STEP1> 다음 문장을 소리 내어 읽고, 의미를 생각해보세요.

> **01　Call me on the telephone.**
> **02　Don't dial late at night.**

STEP2> 단어를 익히고, 문장을 따라 써 보세요.

call　ⓥ 전화하다
03　I call my friend.

telephone　ⓝ 전화기
04　I use the telephone at home.

late　ⓐ 늦은 ; ⓐⓓ 늦게
05　I am late for school.

dial　ⓥ 번호를 누르다
06　I dial the number carefully.

> **07 I used the telephone to call you.**
> **I was late dialing.**

Translations> 오늘 배운 문장들에 대한 해석이에요.

01 전화로 연락해라.

02 밤늦게 전화하지 마라.

03 나는 친구에게 전화를 한다.

04 나는 집에서 전화기를 사용한다.

05 나는 학교에 늦는다.

06 나는 번호를 조심히 누른다.

07 나는 너에게 전화를 걸기 위해 전화기를 사용했다.

내가 전화를 늦게 걸었다.

DAY 104 20 . . .

STEP1> 다음 문장을 소리 내어 읽고, 의미를 생각해보세요.

01 Turn left at the corner.

02 Follow the path.

STEP2> 단어를 익히고, 문장을 따라 써 보세요.

turn ⓝ 돌기, 차례 ; ⓥ 돌다

03 Turn right here.

left ⓝ 왼쪽 ; ⓐ 왼쪽의 ⓐⓓ 왼쪽으로

04 Turn left at the stop sign.

corner ⓝ 모서리, 코너

05 The chair is in the corner.

path ⓝ 길

06 The path is made of stones.

> **07 Take a left turn here.**
> **Follow the path to the corner.**

Translations> 오늘 배운 문장들에 대한 해석이에요.

01 모퉁이에서 왼쪽으로 돌아라.

02 길을 따라가라.

03 여기서 오른쪽으로 돌아라.

04 정지 신호에서 왼쪽으로 돌아라.

05 그 의자는 구석에 있다.

06 그 길은 돌로 만들어져 있다.

07 여기서 좌회전해라.

   모퉁이까지 길을 따라가라.

STEP1> 다음 문장을 소리 내어 읽고, 의미를 생각해보세요.

> **01　Grapes are sweet fruits.**
> **02　The pear is not sour.**

STEP2> 단어를 익히고, 문장을 따라 써 보세요.

grape ⓝ 포도

03 I like to eat grapes in summer.

fruit ⓝ 과일

04 An apple is a common fruit.

pear ⓝ 배

05 A pear is juicy and sweet.

sour ⓐ 신맛의

06 A lemon tastes sour.

07 **Grapes and pears are my favorite fruits.** **I don't like sour fruits.**

Translations> 오늘 배운 문장들에 대한 해석이에요.

01 포도는 달콤한 과일이다.

02 그 배는 시지 않다.

03 나는 여름에 포도 먹는 것을 좋아한다.

04 사과는 흔한 과일이다.

05 배는 즙이 많고 달다.

06 레몬은 신맛이 난다.

07 포도와 배가 내가 제일 좋아하는 과일이다.

나는 신 과일은 안 좋아한다.

DAY 106　20　.　.　.　

> **01　The window in the classroom is big.**
> **02　I clean the board with an eraser.**

STEP2> 단어를 익히고, 문장을 따라 써 보세요.

classroom ⓝ 교실
03 My classroom is big.

window ⓝ 창문
04 The window is open.

board ⓝ 판, 게시판
05 The teacher writes on the board.

eraser ⓝ 지우개
06 The eraser is small.

STEP3> 다음 문장을 읽고, 해석해보세요.

> **07** **Open the classroom windows.**
> **Then clean the board with an eraser.**

Translations> 오늘 배운 문장들에 대한 해석이에요.

01 그 교실의 창문은 크다.

02 나는 칠판을 지우개로 닦는다.

03 내 교실은 크다.

04 그 창문은 열려 있다.

05 선생님은 칠판에 글씨를 쓰신다.

06 그 지우개는 작다.

07 교실 창문을 열어라.

그리고 지우개로 칠판을 지워라.

DAY 107　20　.　.　.

> **01　Be honest and tell me the truth.**
>
> **02　I believe that it is a fact.**

STEP2> 단어를 익히고, 문장을 따라 써 보세요.

tell ⓥ 말하다

03　Can you tell me a story?

fact ⓝ 사실

04　I learned a new fact today.

honest ⓐ 정직한

05　I am an honest person.

believe ⓥ 믿다

06　She believes in me.

> **07** **To be honest, it's not a fact.**
> **Don't tell me to believe it.**

Translations> 오늘 배운 문장들에 대한 해석이에요.

01 솔직하게 진실을 말해라.

02 나는 그것이 사실이라고 믿는다.

03 내게 이야기를 하나 들려줄 수 있나?

04 나는 오늘 새로운 사실을 하나 배웠다.

05 나는 정직한 사람이다.

06 그녀는 나를 믿는다.

07 솔직히 그것은 사실이 아니다.

나에게 믿으라고 하지 마라.

DAY 108　20 

STEP1> 다음 문장을 소리 내어 읽고, 의미를 생각해보세요.

> **01** Bones are inside the body.
> **02** There is blood on the skin.

STEP2> 단어를 익히고, 문장을 따라 써 보세요.

skin ⓝ 피부

03 My skin is soft.

bone ⓝ 뼈

04 The dog eats the bone.

blood ⓝ 피

05 I see blood.

inside ⓐⓓ 안쪽

06 What's inside the box?

07   What is inside our skin?
Blood and bones are inside the body.

Translations> 오늘 배운 문장들에 대한 해석이에요.

01 뼈는 몸 안에 있다.

02 피부 위에 피가 나 있다.

03 내 피부는 부드럽다.

04 그 개는 뼈를 먹는다.

05 나는 피를 본다.

06 상자 안에는 무엇이 있나?

07 우리 피부 안에 뭐가 있을까?

피와 뼈가 몸 안에 있다.

DAY 109　20　.　.　. 

> **01　I have a test tomorrow at 9 A.M.**
>
> **02　I wasn't there yesterday, but I'll be there tonight.**

STEP2> 단어를 익히고, 문장을 따라 써 보세요.

yesterday ⓝ 어제 ; ⓐⓓ 어제
03 I went to school yesterday.

tomorrow ⓝ 내일 ; ⓐⓓ 내일
04 Tomorrow is Saturday.

tonight ⓝ 오늘 밤 ; ⓐⓓ 오늘 밤에
05 The moon is very bright tonight.

A.M. ⓐⓓ 오전에
06 My school starts at 9 A.M.

> **07 Yesterday, I went to sleep at 2 A.M.**
> **Tonight, I will go to bed early and wake up early tomorrow.**

Translations> 오늘 배운 문장들에 대한 해석이에요.

01 나는 내일 아침 9시에 시험이 있다.

02 나는 어제 그곳에 없었지만 오늘밤에는 갈 것이다.

03 나는 어제 학교에 갔다.

04 내일은 토요일이다.

05 오늘 밤은 달이 매우 밝다.

06 내 학교는 오전 9시에 시작한다.

07 어제 나는 새벽 2시에 잤다.

오늘 밤에는 나는 일찍 자고 내일 아침 일찍 일어날 것이다.

DAY 110　　20　　.　.　.

> **01　Supper is at 6 P.M.**
>
> **02　I slept from noon until the evening.**

STEP2> 단어를 익히고, 문장을 따라 써 보세요.

noon ⓝ 정오, 낮 12시

03 The sun is highest at noon.

evening ⓝ 저녁

04 I watch TV in the evening.

supper ⓝ 저녁 식사

05 What's for supper tonight?

P.M. ⓐⓓ 오후에

06 The meeting is at 3 P.M.

STEP3> 다음 문장을 읽고, 해석해보세요.

> **07   From noon to 5 P.M.,**
> **I study at home. Then I have supper in the evening.**

Translations> 오늘 배운 문장들에 대한 해석이에요.

01   저녁식사는 6시다.

02   나는 정오부터 저녁까지 잤다.

03   태양은 정오에 가장 높이 있다.

04   나는 저녁에 TV를 본다.

05   오늘 저녁 식사는 뭐야?

06   회의는 오후 3시다.

07   정오부터 오후 5시까지 나는 집에서 공부한다.

그 다음 저녁에는 저녁식사를 한다.

DAY 111　20　.　.　.

STEP1> 다음 문장을 소리 내어 읽고, 의미를 생각해보세요.

> **01 I swim in the ocean.**
>
> **02 The sand on the beach is warm.**

STEP2> 단어를 익히고, 문장을 따라 써 보세요.

ocean ⓝ 대양, 바다

03 Dolphins live in the ocean.

swim ⓥ 수영하다

04 I swim in the pool.

beach ⓝ 해변

05 The beach is beautiful.

sand ⓝ 모래

06 My shoes are full of sand.

STEP3> 다음 문장을 읽고, 해석해보세요.

> **07 Kids swim in the ocean.**
> **They play with sand on the beach.**

Translations> 오늘 배운 문장들에 대한 해석이에요.

01 나는 바다에서 수영한다.

02 해변 위의 모래가 따뜻하다.

03 돌고래는 바다에 산다.

04 나는 수영장에서 수영한다.

05 그 해변은 아름답다.

06 내 신발은 모래로 가득 찼다.

07 아이들이 바다에서 수영을 한다.

그들은 해변에서 모래를 가지고 논다.

DAY 112   20 . . . 

STEP1> 다음 문장을 소리 내어 읽고, 의미를 생각해보세요.

> **01 The engineer checks the engine.**
> **02 He fixes the oil problem.**

STEP2> 단어를 익히고, 문장을 따라 써 보세요.

engineer ⓝ 기술자, 엔지니어
03 The engineer fixes machines.

engine ⓝ 엔진
04 The car has a powerful engine.

oil ⓝ 기름
05 The car needs an oil change.

problem ⓝ 문제
06 I need help with this math problem.

STEP3> 다음 문장을 읽고, 해석해보세요.

> **07 There is a problem with the engine.
> The engineer changes the oil.**

Translations> 오늘 배운 문장들에 대한 해석이에요.

01 기술자는 엔진을 점검한다.

02 그는 오일 문제를 고친다.

03 그 엔지니어는 기계를 고친다.

04 그 차는 강력한 엔진을 가지고 있다.

05 그 차는 오일 교체가 필요하다.

06 나는 이 수학 문제에 도움이 필요하다.

07 엔진에 문제가 있다.

기술자가 오일을 간다.

DAY 113　20 

STEP1> 다음 문장을 소리 내어 읽고, 의미를 생각해보세요.

> **01　The jeans have buttons.**
> **02　This cloth is made of cotton.**

STEP2> 단어를 익히고, 문장을 따라 써 보세요.

cloth ⓝ 천, 직물
03 This cloth is soft.

jeans ⓝ 청바지
04 I wear jeans.

cotton ⓝ 목화, 면
05 My shirt is made of cotton.

button ⓝ 단추
06 The button is red.

> **07 My shirt is made of cotton cloth.
> It has buttons and looks good with jeans.**

Translations> 오늘 배운 문장들에 대한 해석이에요.

01 그 청바지에는 단추가 있다.

02 이 천은 면으로 만들어졌다.

03 이 천은 부드럽다.

04 나는 청바지를 입는다.

05 내 셔츠는 면으로 만들어졌다.

06 그 버튼은 빨갛다.

07 내 셔츠는 면 섬유로 만들어졌다.

그것은 단추가 있고 청바지와 잘 어울린다.

DAY 114　20 . . . 

> **01　Draw a circle.**
>
> **02　A triangle has straight lines.**

circle ⓝ 원

03 The children sat in a circle.

line ⓝ 선, 줄

04 Please draw a straight line.

triangle ⓝ 삼각형

05 A triangle has three sides.

form ⓝ 형태, 양식 ; ⓥ 형성하다

06 Clouds can form different shapes.

> **07 A circle and a triangle have different forms.**
> **Draw a line to the same form.**

Translations> 오늘 배운 문장들에 대한 해석이에요.

01 동그라미를 그려라.

02 세모는 직선을 가지고 있다.

03 아이들은 둥글게 모여 앉았다.

04 직선을 그려 주세요.

05 삼각형은 변이 세 개다.

06 구름은 다른 모양을 형성할 수 있다.

07 동그라미와 세모는 다른 형태를 가지고 있다.

같은 모양끼리 줄을 그어라.

DAY 115　20 ．．．． 

STEP1> 다음 문장을 소리 내어 읽고, 의미를 생각해보세요.

> **01　Is your house near or far from here?**
> **02　The cat is beside the door, away from me.**

STEP2> 단어를 익히고, 문장을 따라 써 보세요.

far ⓐ 먼
03 The moon is very far from the Earth.

away ⓐ𝖽 떨어져서
04 The bird flew away.

near ⓐ 가까운
05 Is there a post office near here?

beside　prep. ~의 곁에, ~옆에
06 He sat beside me in class.

> **07   The park is not far away.**
> **My school is near here, beside the park.**

Translations> 오늘 배운 문장들에 대한 해석이에요.

01   네 집은 가깝니, 여기서 머니?

02   그 고양이는 내게서 멀리 문 옆에 있다.

03   달은 지구에서 매우 멀리 있다.

04   새가 날아가 버렸다.

05   이 근처에 우체국이 있나요?

06   그는 수업 시간에 내 옆에 앉았다.

07   그 공원은 멀지 않다.

우리 학교는 이 근처 공원 옆에 있다.

DAY 116　20　.　.　.

STEP1> 다음 문장을 소리 내어 읽고, 의미를 생각해보세요.

> **01　I remember your face, but I forgot your name.**
>
> **02　The memory is always on my mind.**

STEP2> 단어를 익히고, 문장을 따라 써 보세요.

remember ⓥ 기억하다

03 I can't remember his name.

memory ⓝ 기억

04 I have a good memory for faces.

forget ⓥ 잊다

05 Don't forget to lock the door.

mind ⓝ 마음, 정신

06 A healthy body needs a healthy mind.

STEP3> 다음 문장을 읽고, 해석해보세요.

> **07** **Remember this in your mind.**
> **Don't forget this memory.**

Translations> 오늘 배운 문장들에 대한 해석이에요.

01 나는 너의 얼굴은 기억하는데 이름은 잊어버렸다.

02 그 기억은 항상 내 마음 속에 있다.

03 나는 그의 이름을 기억할 수 없다.

04 나는 얼굴을 잘 기억한다.

05 문 잠그는 것을 잊지 마세요.

06 건강한 신체에는 건강한 마음이 필요하다.

07 마음 속으로 이것을 기억해라.

이 기억을 잊지 말아라.

DAY 117   20 

STEP1> 다음 문장을 소리 내어 읽고, 의미를 생각해보세요.

> **01 I am ready to begin.**
>
> **02 Finish your food before lunch ends.**

STEP2> 단어를 익히고, 문장을 따라 써 보세요.

begin ⓥ 시작하다
03 What time does the concert begin?

ready ⓐ 준비된
04 Dinner is almost ready.

finish ⓥ 끝내다
05 I finish my homework.

end ⓝ 끝 ; ⓥ 끝나다
06 This is the end of the story.

> **07 The party begins when school ends.**
> **Finish your homework and get ready for the party.**

Translations> 오늘 배운 문장들에 대한 해석이에요.

01 나는 시작할 준비가 되어 있다.

02 점심이 끝나기 전에 음식을 다 먹어라.

03 콘서트는 몇 시에 시작해?

04 저녁 식사가 거의 준비되었다.

05 나는 숙제를 끝낸다.

06 이것이 그 이야기의 끝이다.

07 파티는 학교가 끝나고 시작한다.

숙제를 마치고 파티 준비를 해라.

DAY 118　20　　.　　.　　. 

STEP1> 다음 문장을 소리 내어 읽고, 의미를 생각해보세요.

> **01　We pay less when it's on sale.**
>
> **02　Cheap cars cost more later.**

STEP2> 단어를 익히고, 문장을 따라 써 보세요.

cheap ⓐ 값싼

03 I bought a cheap watch at the market.

pay ⓥ 지불하다

04 How much did you pay for this book?

cost ⓝ 비용, 가격 ; ⓥ (돈이) 들다

05 The cost of the ticket is ten dollars.

sale ⓝ 판매, 할인

06 These shoes are on sale this week.

> **07   I pay the cost of the ticket.**
> **It is so cheap on sale.**

Translations> 오늘 배운 문장들에 대한 해석이에요.

01   우리는 세일할 때 돈을 덜 낸다.

02   싼 차는 나중에 더 돈이 많이 든다.

03   나는 시장에서 값싼 시계를 샀다.

04   이 책에 얼마를 지불했어?

05   티켓 가격은 10달러다.

06   이 신발은 이번 주에 할인 중이다.

07   나는 티켓값을 낸다.

세일해서 아주 싸다.

DAY 119　20 

STEP1> 다음 문장을 소리 내어 읽고, 의미를 생각해보세요.

> **01** **Kick the soccer ball into the goal.**
>
> **02** **American football is not soccer.**

STEP2> 단어를 익히고, 문장을 따라 써 보세요.

kick ⓥ 차다

03 Don't kick the wall.

soccer ⓝ 축구

04 Soccer is a popular sport around the world.

football ⓝ (미식)축구

05 They are playing football in the field.

goal ⓝ 골, 목표

06 The team scored a goal in the last minute.

> **07 Football and soccer are the same thing.**
> **You kick the ball into the goal.**

Translations> 오늘 배운 문장들에 대한 해석이에요.

01 그 축구공을 골 안으로 넣어라.

02 미식축구는 축구가 아니다.

03 벽을 차지 마세요.

04 축구는 전 세계적으로 인기 있는 스포츠다.

05 그들은 경기장에서 미식축구를 하고 있다.

06 그 팀은 마지막 순간에 골을 넣었다.

07 풋볼과 사커는 같은 것이다.

골 안에 공을 차서 넣는다.

DAY 120　20 

STEP1> 다음 문장을 소리 내어 읽고, 의미를 생각해보세요.

01 The lady is very kind.

02 The gentleman helps the poor.

STEP2> 단어를 익히고, 문장을 따라 써 보세요.

poor ⓐ 가난한

03 The story is about a poor but happy family.

kind ⓝ 종류 ; ⓐ 친절한

04 She is kind to me.

gentleman ⓝ 신사

05 He is a true gentleman.

lady ⓝ 숙녀

06 The lady in the red dress is my aunt.

> **07** **The gentleman and the lady are very kind.**
> **They always help the poor.**

Translations> 오늘 배운 문장들에 대한 해석이에요.

01 그 숙녀는 매우 친절하다.

02 그 신사는 가난한 사람을 돕는다.

03 그 이야기는 가난하지만 행복한 가족에 관한 것이다.

04 그녀는 나에게 친절하다.

05 그는 진정한 신사다.

06 빨간 드레스를 입은 숙녀는 내 이모다.

07 그 신사와 숙녀는 아주 친절하다.

그들은 항상 가난한 사람들을 돕는다.

DAY 121　20　.　.　.　

> **01**　**Hurry up and make it quick.**
>
> **02**　**Be safe on your way ahead.**

STEP2> 단어를 익히고, 문장을 따라 써 보세요.

quick　ⓐ 빠른
03 She gave a quick reply.

hurry　ⓥ 서두르다
04 We hurry to school.

safe　ⓐ 안전한
05 This place is safe.

ahead　ⓐⓓ 앞으로, 앞에
06 I walk ahead.

> **07 Go ahead and hurry up.**
> **Be quick, but stay safe.**

Translations> 오늘 배운 문장들에 대한 해석이에요.

01 서둘러서 빨리 해라.

02 가는 길 조심해서 가라.

03 그녀는 빠른 답변을 주었다.

04 우리는 학교에 서둘러 간다.

05 이 장소는 안전하다.

06 나는 앞으로 걷는다.

07 어서 서둘러서 가라.

빨리 가되 조심해라.

DAY 122　20 

> **01　The hero wins the battle.**
>
> **02　Brave people fight for their country.**

STEP2> 단어를 익히고, 문장을 따라 써 보세요.

brave　ⓐ 용감한

03 The brave firefighter saved the cat.

hero　ⓝ 영웅

04 He is my hero.

fight　ⓥ 싸우다

05 They fight with each other.

battle　ⓝ 전투

06 The battle is long.

> **07 You're a brave hero.**
> **You can fight this battle.**

Translations> 오늘 배운 문장들에 대한 해석이에요.

01 그 영웅이 전투를 이겼다.

02 용감한 사람들은 나라를 위해 싸운다.

03 그 용감한 소방관은 고양이를 구했다.

04 그는 내 영웅이다.

05 그들은 서로 싸운다.

06 그 전투는 길다.

07 너는 용감한 영웅이다.

이 전투에서 싸워낼 수 있다.

STEP1> 다음 문장을 소리 내어 읽고, 의미를 생각해보세요.

---

01 **I collect coins as a hobby.**

02 **I give change in coins.**

STEP2> 단어를 익히고, 문장을 따라 써 보세요.

change Ⓝ 변화, 잔돈 ; Ⓥ 바꾸다

03 I need to change my clothes.

---

coin Ⓝ 동전

04 I found a shiny coin on the street.

---

collect Ⓥ 모으다, 수집하다

05 I like to collect seashells.

---

hobby Ⓝ 취미

06 My hobby is playing the guitar.

> **07 I changed my hobby.**
>
> **Now I collect coins.**

Translations> 오늘 배운 문장들에 대한 해석이에요.

01 나는 취미로 동전을 모은다.

02 나는 잔돈을 동전으로 준다.

03 나는 옷을 갈아입어야 한다.

04 나는 길에서 반짝이는 동전을 발견했다.

05 나는 조개껍데기를 모으는 것을 좋아한다.

06 내 취미는 기타를 치는 것이다.

07 나는 취미를 바꿨다.

이제 나는 동전을 모은다.

STEP1> 다음 문장을 소리 내어 읽고, 의미를 생각해보세요.

01 The fan makes it cool.

02 The group has power.

STEP2> 단어를 익히고, 문장을 따라 써 보세요.

cool ⓐ 시원한 ; 멋있는

03 The water is cool.

fan ⓝ 선풍기, 팬

04 The fan is noisy.

power ⓝ 힘, 권력, 전력

05 The car has a lot of power.

group ⓝ 그룹, 집단

06 A group of students went on a trip.

> ## 07   This idol group is cool.
> ## They have strong fan power.

Translations> 오늘 배운 문장들에 대한 해석이에요.

01   그 선풍기는 시원하게 해 준다.

02   그 그룹은 힘이 있다.

03   그 물은 시원하다.

04   그 선풍기는 소리가 시끄럽다.

05   그 차는 힘이 아주 좋다.

06   한 그룹의 학생들이 여행을 떠났다.

07   이 아이돌 그룹은 멋있다.

그들은 팬들의 힘이 강하다.

DAY 125   20 

STEP1> 다음 문장을 소리 내어 읽고, 의미를 생각해보세요.

> **01 The woman has a child.**
>
> **02 She has a son and a daughter.**

STEP2> 단어를 익히고, 문장을 따라 써 보세요.

woman ⓝ 여성

03 That woman is a famous scientist.

child ⓝ 아이

04 Every child loves to play.

son ⓝ 아들

05 Her son is five years old.

daughter ⓝ 딸

06 My daughter likes to read books.

STEP3> 다음 문장을 읽고, 해석해보세요.

> **07** **The son helps the woman.**
> **The daughter plays with the child.**

Translations> 오늘 배운 문장들에 대한 해석이에요.

01 그 여자는 아이가 있다.

02 그녀는 아들과 딸을 가지고 있다.

03 저 여성은 유명한 과학자다.

04 모든 아이는 노는 것을 좋아한다.

05 그녀의 아들은 다섯 살이다.

06 내 딸은 책 읽는 것을 좋아한다.

07 아들은 여자를 도와준다.

딸은 아이와 논다.

STEP1> 다음 문장을 소리 내어 읽고, 의미를 생각해보세요.

> **01 Take a bubble bath.**
>
> **02 The bathroom is dirty.**

STEP2> 단어를 익히고, 문장을 따라 써 보세요.

dirty ⓐ 더러운

03 I need to wash this dirty shirt.

bubble ⓝ 거품, 비누방울

04 A big bubble popped.

bath ⓝ 목욕

05 A warm bath is relaxing.

bathroom ⓝ 욕실, 화장실

06 The bathroom is on the second floor.

> **07   A dirty dog goes into the bathroom.**
> **He takes a bath with soap and bubbles.**

Translations> 오늘 배운 문장들에 대한 해석이에요.

01   거품목욕을 해라.

02   욕실이 지저분하다.

03   나는 이 더러운 셔츠를 빨아야 한다.

04   큰 거품이 터졌다.

05   따뜻한 목욕은 편안하다.

06   화장실은 2층에 있다.

07   더러운 개가 욕실에 들어간다.

비누와 거품으로 목욕을 한다.

DAY 127　20 ．　．　． 

STEP1> 다음 문장을 소리 내어 읽고, 의미를 생각해보세요.

> **01　I had a great time at the concert.**
>
> **02　Isn't the show fantastic?**

STEP2> 단어를 익히고, 문장을 따라 써 보세요.

great　ⓐ 훌륭한, 큰
03 We had a great time at the party.

fantastic　ⓐ 환상적인
04 The view from the top was fantastic.

show　ⓝ 쇼, 공연 ; ⓥ 보여주다
05 The magic show starts at 7 PM.

concert　ⓝ 콘서트, 음악회
06 We bought tickets for the rock concert.

07   **The concert was fantastic.**
It was a great show.

Translations> 오늘 배운 문장들에 대한 해석이에요.

01   나는 공연에서 좋은 시간을 보냈다.

02   공연이 환상적이지 않니?

03   우리는 파티에서 멋진 시간을 보냈다.

04   정상에서 본 경치는 환상적이었다.

05   마술 쇼는 저녁 7시에 시작한다.

06   우리는 록 콘서트 표를 샀다.

07   그 콘서트는 환상적이었어.

대단한 공연이었어.

STEP1> 다음 문장을 소리 내어 읽고, 의미를 생각해보세요.

> **01　The pink doll is cute.**
>
> **02　I give the present to her.**

STEP2> 단어를 익히고, 문장을 따라 써 보세요.

pink ⓝ 분홍색 ; ⓐ 분홍색의

03 She likes to wear pink ribbons.

present ⓝ 선물, 현재 ; ⓥ 발표하다 ; ⓐ 현재의

04 This present is for you.

doll ⓝ 인형

05 The doll is pretty.

cute ⓐ 귀여운

06 Look at that cute puppy!

> **07   I got a doll as a present.**
> **She has a cute pink dress on.**

Translations> 오늘 배운 문장들에 대한 해석이에요.

01   분홍색 인형은 귀엽다.

02   나는 그녀에게 선물을 준다.

03   그녀는 분홍색 리본을 매는 것을 좋아한다.

04   이 선물은 너를 위한 것이다.

05   그 인형은 예쁘다.

06   저 귀여운 강아지 좀 봐!

07   나는 선물로 인형을 받았다.

그녀는 귀여운 분홍색 드레스를 입고 있다.

STEP1> 다음 문장을 소리 내어 읽고, 의미를 생각해보세요.

> **01　I have a baseball bat.**
> **02　He scores in a basketball game.**

STEP2> 단어를 익히고, 문장을 따라 써 보세요.

baseball ⓝ 야구
03 He likes baseball.

basketball ⓝ 농구
04 He is tall, so he is good at basketball.

bat ⓝ 방망이
05 The bat is heavy.

score ⓝ 점수, 득점 ; ⓥ 득점하다
06 What is the final score of the game?

STEP3> 다음 문장을 읽고, 해석해보세요.

> **07 You use a bat in baseball, not basketball.
> In basketball, you score with your hands.**

Translations> 오늘 배운 문장들에 대한 해석이에요.

01 나는 야구 방망이가 있다.

02 그는 농구 시합에서 득점한다.

03 그는 야구를 좋아한다.

04 그는 키가 커서 농구를 잘한다.

05 그 배트는 무겁다.

06 그 경기의 최종 점수는 뭐야?

07 너는 농구가 아니라 야구에서 방망이를 사용한다.

농구에서는 손으로 득점한다.

DAY 130　20　　.　　.　　.

STEP1> 다음 문장을 소리 내어 읽고, 의미를 생각해보세요.

> **01　I study history and science.**
>
> **02　What is the date of your exam?**

STEP2> 단어를 익히고, 문장을 따라 써 보세요.

history ⓝ 역사

03 My grandpa knows a lot of history.

science ⓝ 과학

04 We did a fun experiment in science class.

exam ⓝ 시험

05 I need to study for my final exam.

date ⓝ 날짜

06 What's the date today?

> **07 I don't remember the date of my history exam.
> It is after the science exam.**

Translations> 오늘 배운 문장들에 대한 해석이에요.

01 나는 역사와 과학을 공부한다.

02 너 시험 날짜가 언제야?

03 우리 할아버지는 역사를 많이 아신다.

04 우리는 과학 시간에 재미있는 실험을 했다.

05 나는 기말고사를 위해 공부해야 한다.

06 오늘 날짜가 며칠이야?

07 나는 역사 시험 날짜가 기억이 안 난다.

과학 시험 날짜 다음이다.

DAY 131　20　．　．　．

> **01　The front and back of the coin look different.**
>
> **02　Move to the side, not the middle.**

STEP2> 단어를 익히고, 문장을 따라 써 보세요.

front ⓝ 앞부분

03 Please go to the front of the line.

back ⓝ 뒷부분, 등

04 He carried a bag on his back.

side ⓝ 옆, 측면

05 There is a garden on the side of the house.

middle ⓝ 중간, 중앙

06 I sat in the middle seat.

STEP3> 다음 문장을 읽고, 해석해보세요.

> **07** The front door is open, and the back door is closed. The kitchen is in the middle, and rooms are on the sides.

Translations> 오늘 배운 문장들에 대한 해석이에요.

01 동전의 앞과 뒤는 다르게 생겼다.

02 가운데 말고 옆으로 옮겨라.

03 줄의 맨 앞으로 가주세요.

04 그는 등에 가방을 메고 있었다.

05 집 옆에는 정원이 있다.

06 나는 가운데 자리에 앉았다.

07 앞문은 열려있고 뒷문은 닫혀있다.

부엌은 중간에 있고 방들은 옆쪽에 있다.

STEP1> 다음 문장을 소리 내어 읽고, 의미를 생각해보세요.

01　I fry an egg.
02　The beans need salt.

STEP2> 단어를 익히고, 문장을 따라 써 보세요.

egg ⓝ 달걀, 알
03 I had a boiled egg for breakfast.

fry ⓥ 굽다, 튀기다
04 My dad will fry some chicken for dinner.

bean ⓝ 콩
05 This soup has beans in it.

salt ⓝ 소금
06 The soup needs a little more salt.

> **07   I put some salt in the bean soup.**
> **I eat it with fried eggs.**

Translations> 오늘 배운 문장들에 대한 해석이에요.

01   나는 달걀을 튀긴다.

02   콩에는 소금이 필요하다.

03   나는 아침으로 삶은 달걀을 먹었다.

04   아빠가 저녁으로 닭고기를 좀 튀겨줄 것이다.

05   이 수프에는 콩이 들어 있다.

06   아빠가 저녁으로 닭고기를 튀길 것이다.

07   나는 콩 수프에 소금을 넣는다.

나는 그것을 달걀후라이와 같이 먹는다.

DAY 133　20　．　．　．　

> **01　Taste the spices.**
> **02　Candy has so much sugar.**

STEP2> 단어를 익히고, 문장을 따라 써 보세요.

sugar　ⓝ 설탕
03　I put sugar in my tea.

taste　ⓥ 맛보다 ; 맛이 나다
04　I taste the soup.

candy　ⓝ 사탕
05　I like sweet candy.

spice　ⓝ 향신료
06　I cook with spices.

> **07   This spice has sugar in it.**
> **It tastes like candy.**

Translations> 오늘 배운 문장들에 대한 해석이에요.

01   향신료를 맛보아라.

02   사탕은 설탕이 아주 많다.

03   나는 차에 설탕을 넣는다.

04   나는 수프의 맛을 본다.

05   나는 달콤한 사탕을 좋아한다.

06   나는 향신료를 넣어 요리한다.

07   이 향신료에는 설탕이 들어있다.

사탕 같은 맛이 난다.

STEP1> 다음 문장을 소리 내어 읽고, 의미를 생각해보세요.

> **01　This mountain is easy to climb.**
>
> **02　I run to the top of the hill.**

STEP2> 단어를 익히고, 문장을 따라 써 보세요.

climb ⓥ 오르다

03 A cat can climb a tree easily.

top ⓝ 꼭대기

04 He stood on the top of the world.

mountain ⓝ 산

05 The mountain is covered with snow.

hill ⓝ 언덕

06 We ran down the grassy hill.

> **07   I climb the mountain.**
> **I stand on the top of the hill.**

Translations> 오늘 배운 문장들에 대한 해석이에요.

01 이 산은 오르기 쉽다.

02 나는 언덕 꼭대기까지 뛰어 올라간다.

03 고양이는 나무를 쉽게 오를 수 있다.

04 그는 세상의 정상에 섰다.

05 그 산은 눈으로 덮여 있다.

06 우리는 풀이 무성한 언덕을 달려 내려왔다.

07 나는 산을 오른다.

나는 언덕 꼭대기에 선다.

STEP1> 다음 문장을 소리 내어 읽고, 의미를 생각해보세요.

> **01　A giraffe has a long neck.**
>
> **02　The zebra lives in the zoo.**

STEP2> 단어를 익히고, 문장을 따라 써 보세요.

giraffe ⓝ 기린

03 A giraffe is the tallest animal in the world.

neck ⓝ 목

04 She wore a scarf around her neck.

zebra ⓝ 얼룩말

05 A zebra looks like a horse with stripes.

zoo ⓝ 동물원

06 We saw a lion at the zoo.

> **07 I saw zebras and giraffes at the zoo.**
> **The giraffes had long necks.**

Translations> 오늘 배운 문장들에 대한 해석이에요.

01 기린은 긴 목을 가지고 있다.

02 그 얼룩말은 동물원에 산다.

03 기린은 세상에서 가장 키가 큰 동물이다.

04 그녀는 목에 스카프를 둘렀다.

05 얼룩말은 줄무늬가 있는 말처럼 보인다.

06 우리는 동물원에서 사자를 보았다.

07 나는 동물원에서 얼룩말과 기린을 봤다.

기린들은 목이 길었다.

DAY 136　20 

STEP1> 다음 문장을 소리 내어 읽고, 의미를 생각해보세요.

> **01　I write a note in my diary.**
> **02　The shy boy reads a short dialogue.**

STEP2> 단어를 익히고, 문장을 따라 써 보세요.

shy　ⓐ 수줍은
03　My little brother is shy.

dialogue　ⓝ 대화
04　The actors practiced their dialogue.

diary　ⓝ 일기
05　My diary is secret.

note　ⓝ 메모, 공책
06　I write a note.

> **07   I had a dialogue with a shy girl.**
> **She gave me a note and I put it in my diary.**

Translations> 오늘 배운 문장들에 대한 해석이에요.

01   나는 일기장에 메모를 쓴다.

02   수줍은 소년은 짧은 대화를 읽는다.

03   내 남동생은 부끄러움을 탄다.

04   배우들은 대사를 연습했다.

05   내 일기는 비밀이다.

06   나는 메모를 쓴다.

07   나는 수줍은 소녀와 대화를 나눴다.

그녀는 나에게 쪽지를 줬고 나는 그걸 일기장에 넣었다.

DAY 137　20　**.　.　.**

STEP1> 다음 문장을 소리 내어 읽고, 의미를 생각해보세요.

> **01　The cartoon has funny humor.**
>
> **02　Comedies use funny gestures.**

STEP2> 단어를 익히고, 문장을 따라 써 보세요.

humor ⓝ 유머
03 He has a great sense of humor.

comedy ⓝ 희극
04 We watched a funny comedy movie.

gesture ⓝ 몸짓
05 I make a gesture with my hand.

cartoon ⓝ 만화
06 My favorite cartoon is on TV now.

> **07   This cartoon is a comedy.**
> **I love its humor and gestures.**

Translations> 오늘 배운 문장들에 대한 해석이에요.

01   그 만화는 유머가 웃기다.

02   코미디는 웃긴 몸짓을 사용한다.

03   그는 유머 감각이 뛰어나다.

04   우리는 재미있는 코미디 영화를 봤다.

05   나는 손으로 몸짓을 한다.

06   내가 가장 좋아하는 만화가 지금 TV에서 하고 있다.

07   이 만화는 코미디이다.

나는 그것의 유머와 몸짓을 아주 좋아한다.

DAY 138　　20　　.　.　. 

STEP1> 다음 문장을 소리 내어 읽고, 의미를 생각해보세요.

> **01 When you have a cold, you need rest.**
> **02 I have had pain for hours.**

STEP2> 단어를 익히고, 문장을 따라 써 보세요.

cold　ⓝ 감기, 추위 ; ⓐ 추운, 차가운
03 I have a cold.

rest　ⓥ 쉬다
04 I rest after school.

hour　ⓝ 시간
05 I wait for an hour.

pain　ⓝ 아픔
06 I have pain in my foot.

> **07   I have pain from the cold.
> I need to rest for hours.**

Translations> 오늘 배운 문장들에 대한 해석이에요.

01   감기가 있을 때는 쉴 필요가 있다.

02   나는 몇 시간 동안 통증이 있다.

03   나는 감기에 걸렸다.

04   나는 학교 후에 쉰다.

05   나는 한 시간 동안 기다린다.

06   나는 발이 아프다.

07   나는 감기 때문에 통증이 있다.

몇 시간 좀 쉬어야 한다.

DAY 139   20 

STEP1> 다음 문장을 소리 내어 읽고, 의미를 생각해보세요.

> **01 The church has a bell.**
>
> **02 The crowd is at the bottom.**

STEP2> 단어를 익히고, 문장을 따라 써 보세요.

church ⓝ 교회

03 We go to church every Sunday.

crowd ⓝ 군중

04 A large crowd watched the parade.

bottom ⓝ 맨 아래, 바닥

05 His name is at the bottom of the list.

bell ⓝ 종

06 The school bell rings at 8 o'clock.

> 07 **The crowd hears the church bell.**
> **They go to the bottom floor.**

____

Translations> 오늘 배운 문장들에 대한 해석이에요.

01 교회에는 종이 있다.

02 사람들은 아래에 있다.

03 우리는 매주 일요일에 교회에 간다.

04 많은 군중이 퍼레이드를 지켜보았다.

05 그의 이름은 목록 맨 아래에 있다.

06 학교 종이 8시에 울린다.

07 군중들이 교회 종소리를 듣는다.

그들은 맨 아래층으로 간다.

DAY 140　20 . . . 

STEP1> 다음 문장을 소리 내어 읽고, 의미를 생각해보세요.

> **01 I borrow a book and return it.**
> **02 I read a newspaper on a weekend morning.**

STEP2> 단어를 익히고, 문장을 따라 써 보세요.

borrow ⓥ 빌리다
03 Can I borrow your pen?

return ⓥ 돌아오다, 반납하다
04 When will you return from your trip?

weekend ⓝ 주말
05 What are you doing this weekend?

newspaper ⓝ 신문
06 My dad reads the newspaper every morning.

> **07 In the library, I read old newspapers.**
> **I also borrow and return books.**

Translations> 오늘 배운 문장들에 대한 해석이에요.

01 나는 책을 빌리고 반납한다.

02 나는 주말 아침에 신문을 읽는다.

03 펜 좀 빌릴 수 있을까?

04 너는 여행에서 언제 돌아올 거야?

05 이번 주말에 뭐 할 거야?

06 아빠는 매일 아침 신문을 읽으신다.

07 도서관에서 나는 오래된 신문을 읽는다.

나는 또한 책을 빌리고 반납한다.

DAY 141　　20　　•　　•　　•

STEP1> 다음 문장을 소리 내어 읽고, 의미를 생각해보세요.

> **01　I am certain about the condition.**
> **02　A clear mind is easy to control.**

STEP2> 단어를 익히고, 문장을 따라 써 보세요.

certain　ⓐ 확실한
03　I am certain about that.

control　ⓝ 통제 ; ⓥ 통제하다
04　You need to control your anger.

condition　ⓝ 상태, 조건
05　The car is in good condition.

clear　ⓥ 치우다 ; ⓐ 맑은, 분명한
06　Your voice is clear.

> **07   We have clear goals and strict controls.
> I am certain we will win in any condition.**

Translations> 오늘 배운 문장들에 대한 해석이에요.

01   나는 상태를 확신한다.

02   맑은 정신은 통제하기 쉽다.

03   나는 그것에 대해 확신한다.

04   너는 화를 다스릴 필요가 있다.

05   그 차는 상태가 좋다.

06   네 목소리는 분명하다.

07   우리는 뚜렷한 목표가 있고 엄격한 통제가 있다.

나는 우리가 어느 조건에서든 이길 거라고 확신한다.

DAY 142　20　.　.　.

> **01　The grass smells fresh.**
> **02　The curtains are open in the countryside.**

STEP2> 단어를 익히고, 문장을 따라 써 보세요.

curtain ⓝ 커튼
03 The curtain blocks the sun.

countryside ⓝ 시골
04 I love the fresh air in the countryside.

grass ⓝ 풀
05 The sheep are eating grass in the field.

fresh ⓐ 신선한
06 I bought some fresh vegetables from the market.

STEP3> 다음 문장을 읽고, 해석해보세요.

> **07   The air is fresh in the countryside.**
> **The smell of grass comes through the curtains.**

Translations> 오늘 배운 문장들에 대한 해석이에요.

01   풀은 신선한 냄새가 난다.

02   시골에서는 커튼이 열려있다.

03   커튼이 햇빛을 가린다.

04   나는 시골의 신선한 공기를 아주 좋아한다.

05   양들이 들판에서 풀을 뜯고 있다.

06   나는 시장에서 신선한 채소를 좀 샀다.

07   시골은 공기가 신선하다.

풀냄새가 커튼을 통해 들어온다.

DAY 143   20   .   .   . 

STEP1> 다음 문장을 소리 내어 읽고, 의미를 생각해보세요.

> **01   I am crazy for that cookie.**
>
> **02   My favorite is chocolate.**

STEP2> 단어를 익히고, 문장을 따라 써 보세요.

crazy ⓐ 미친, 말도 안 되는
03 That's a crazy idea!

cookie ⓝ 쿠키
04 I baked some chocolate chip cookies.

favorite ⓐ 가장 좋아하는
05 Blue is my favorite color.

chocolate ⓝ 초콜릿
06 I love dark chocolate.

> **07   This is my favorite cookie shop.**
> **I'm crazy about their chocolate cookies!**

Translations> 오늘 배운 문장들에 대한 해석이에요.

01   나는 그 쿠키에 열광한다.

02   내가 가장 좋아하는 것은 초콜릿이다.

03   그건 말도 안 되는 생각이다!

04   나는 초콜릿 칩 쿠키를 좀 구웠다.

05   파란색은 내가 가장 좋아하는 색이다.

06   나는 다크 초콜릿을 아주 좋아한다.

07   여기가 내가 제일 좋아하는 쿠키 가게이다.

나는 그들의 초콜릿 쿠키에 열광한다.

STEP1> 다음 문장을 소리 내어 읽고, 의미를 생각해보세요.

> **01　I bake bread in the oven.**
> **02　We use gas in the kitchen.**

STEP2> 단어를 익히고, 문장을 따라 써 보세요.

kitchen ⓝ 부엌

03 My mom is cooking in the kitchen.

bake ⓥ (빵, 과자 등을) 굽다

04 Mom likes to bake bread.

oven ⓝ 오븐

05 Please put the cake in the oven.

gas ⓝ 가스, 휘발유

06 This car runs on gas.

> **07 We have a gas oven in the kitchen.**
> **We bake many things.**

Translations> 오늘 배운 문장들에 대한 해석이에요.

01 나는 오븐에서 빵을 굽는다.

02 우리는 부엌에서 가스를 사용한다.

03 엄마는 부엌에서 요리하고 있다.

04 엄마는 빵 굽는 것을 좋아하신다.

05 케이크를 오븐에 넣어 주세요.

06 이 차는 휘발유로 달린다.

07 우리는 부엌에 가스 오븐이 있다.

우리는 많은 것을 굽는다.

DAY 145   20　．　．　．

> **01   A map guides us to places.**
>
> **02   We go on a tour in a mountain area.**

STEP2> 단어를 익히고, 문장을 따라 써 보세요.

guide ⓝ 안내원; ⓥ 이끌다
03 Our tour guide was very friendly.

area ⓝ 지역
04 This area is famous for its beautiful parks.

tour ⓝ 여행, 구경, 탐방
05 We went on a bus tour of the city.

map ⓝ 지도
06 This map shows the way.

> **07   Let's take a tour of the new shopping area.
> This map will guide us.**

Translations> 오늘 배운 문장들에 대한 해석이에요.

01   지도는 우리를 장소들로 이끈다.

02   우리는 산악 지역 탐방을 했다.

03   우리 여행 안내원은 매우 친절했다.

04   이 지역은 아름다운 공원으로 유명하다.

05   우리는 도시 버스 투어를 갔다.

06   이 지도는 길을 보여준다.

07   새 쇼핑 구역을 구경하자.

이 지도가 길을 안내해 줄 거야.

STEP1> 다음 문장을 소리 내어 읽고, 의미를 생각해보세요.

> **01　My dentist decided to take out my tooth.**
>
> **02　Please check if everything is alright.**

STEP2> 단어를 익히고, 문장을 따라 써 보세요.

dentist ⓝ 치과의사
03　I go to the dentist.

check ⓥ 점검하다
04　I check my homework.

alright ⓐ 괜찮은
05　Is everything alright?

decide ⓥ 결정하다
06　She cannot decide.

> **07** **I decided to check my teeth every year.**
> **I see my dentist today.**

Translations> 오늘 배운 문장들에 대한 해석이에요.

01 내 치과의사는 내 이를 뽑기로 결정했다.

02 모든 게 다 괜찮은지 확인해 주세요.

03 나는 치과에 간다.

04 나는 숙제를 확인한다.

05 모든 게 괜찮니?

06 그녀는 결정할 수 없다.

07 나는 매년 이를 검사하기로 결심했다.

오늘 치과에 간다.

STEP1> 다음 문장을 소리 내어 읽고, 의미를 생각해보세요.

> **01　My parents advise me on everything.**
>
> **02　Let's discuss it and see if we agree.**

STEP2> 단어를 익히고, 문장을 따라 써 보세요.

parent　ⓝ 부모

03 My parents help me with my homework.

advise　ⓥ 충고하다

04 My teacher advises me about my future.

discuss　ⓥ 토론하다

05 Let's discuss this topic in our group.

agree　ⓥ 동의하다

06 I agree with your opinion.

> **07 I always discuss things with my parents.**
> **They advise me even when they don't agree.**

Translations> 오늘 배운 문장들에 대한 해석이에요.

01 우리 부모님은 나에게 모든 것을 조언해 주신다.

02 그것을 논의하고 우리가 동의하는지 보자.

03 내 부모님은 내 숙제를 도와주신다.

04 나의 선생님은 내 미래에 대해 조언해 주신다.

05 우리 그룹에서 이 주제를 토론하자.

06 나는 너의 의견에 동의한다.

07 나는 부모님과 일을 항상 논의한다.

그들은 동의하지 않으실 때도 조언을 해주신다.

DAY 148　20　.　.　.

> **01　We should save the earth forever.**
> **02　Nature shows its beauty.**

nature　ⓝ 자연

03　Nature is beautiful.

beauty　ⓝ 아름다움

04　The beauty of flowers is amazing.

earth　ⓝ 지구

05　We must protect the earth.

forever　ⓐⓓ 영원히

06　I will remember today forever.

> **07 The earth is our home forever.**
> **Its beauty comes from nature.**

Translations> 오늘 배운 문장들에 대한 해석이에요.

01 우리는 영원히 지구를 구해야 한다.

02 자연은 아름다움을 드러낸다.

03 자연은 아름답다.

04 꽃의 아름다움은 놀랍다.

05 우리는 지구를 보호해야 한다.

06 나는 오늘을 영원히 기억할 것이다.

07 지구는 영원히 우리의 집이다.

그것의 아름다움은 자연에서 온다.

DAY 149　20　　．　　．　　． 

STEP1> 다음 문장을 소리 내어 읽고, 의미를 생각해보세요.

> **01　This space is a good size for a party.**
> **02　The room is full of heat.**

STEP2> 단어를 익히고, 문장을 따라 써 보세요.

heat ⓝ 열
03　The heat from the fire felt good.

full ⓐ 가득 찬
04　The glass is full of water.

space ⓝ 공간, 우주
05　Is there enough space for my car?

size ⓝ 크기, 사이즈
06　What size shoes do you wear?

> **07 I cook bread of a good size on low heat.**
>
> **The space is full of a good smell.**

Translations> 오늘 배운 문장들에 대한 해석이에요.

01 이 공간은 파티에 좋은 크기이다.

02 방은 열기로 가득하다.

03 불에서 나오는 열기가 기분 좋게 느껴졌다.

04 유리잔은 물로 가득 차 있다.

05 내 차를 위한 충분한 공간이 있나요?

06 몇 사이즈 신발을 신나요?

07 적당한 크기의 빵을 낮은 열에 굽는다.

공간이 좋은 냄새로 가득하다.

DAY 150　20　.　.　.　.　

> **01　I pack strawberries into the basket.**
>
> **02　He brings a watermelon to the picnic.**

STEP2> 단어를 익히고, 문장을 따라 써 보세요.

strawberry ⓝ 딸기
03 I like strawberry ice cream.

watermelon ⓝ 수박
04 Watermelon is juicy in summer.

picnic ⓝ 소풍
05 We are having a picnic today.

basket ⓝ 바구니
06 She carries a fruit basket.

STEP3> 다음 문장을 읽고, 해석해보세요.

> **07   I bring fruit to the picnic.**
> **There are strawberries and a watermelon in the basket.**

Translations> 오늘 배운 문장들에 대한 해석이에요.

01   나는 딸기를 바구니에 챙겨 넣는다.

02   그는 소풍에 수박을 가져온다.

03   나는 딸기 아이스크림을 좋아한다.

04   수박은 여름에 과즙이 많다.

05   우리는 오늘 소풍을 갈 것이다.

06   그녀는 과일 바구니를 들고 간다.

07   나는 소풍에 과일을 가지고 간다.

딸기와 수박이 바구니 안에 있다.

DAY 151　20 ・ ・ ・ ・ 

> **01** At the elementary level, we learn basic words.
>
> **02** It is an important point.

elementary ⓐ 초급의, 기본적인

03 I go to elementary school.

basic ⓐ 기본적인

04 We learned the basic skills of swimming.

important ⓐ 중요한

05 School is important to me.

point ⓝ 요점, 점수

06 What is the main point of your story?

> **07   Elementary school is important.**
> **You learn basic points of life.**

Translations> 오늘 배운 문장들에 대한 해석이에요.

01   초급 수준에서 우리는 기본 단어를 배운다.

02   그것은 중요한 요점이다.

03   나는 초등학교에 다닌다.

04   우리는 수영의 기본 기술을 배웠다.

05   학교는 나에게 중요하다.

06   너의 이야기의 요점은 뭐야?

07   초등학교는 중요하다.

우리는 인생의 기본 요점을 배운다.

DAY 152 20 . . . 

STEP1> 다음 문장을 소리 내어 읽고, 의미를 생각해보세요.

> **01 I meet people for business.**
> **02 I introduce my culture to my friends.**

STEP2> 단어를 익히고, 문장을 따라 써 보세요.

culture ⓝ 문화

03 Food is an important part of culture.

business ⓝ 사업, 일

04 He runs a small business.

meet ⓥ 만나다

05 It was nice to meet you.

introduce ⓥ 소개하다

06 Let me introduce you to my best friend.

> **07 I meet a person in the business.
> I introduce my friend from another culture.**

Translations> 오늘 배운 문장들에 대한 해석이에요.

01 나는 사업 때문에 사람들을 만난다.

02 나는 내 문화를 친구들에게 소개한다.

03 음식은 문화의 중요한 부분이다.

04 그는 작은 사업체를 운영한다.

05 너를 만나서 반가웠어.

06 내 가장 친한 친구를 소개할게.

07 나는 사업에서 한 사람을 만난다.

나는 다른 문화에서 온 내 친구를 소개한다.

DAY 153　20　.　.　.　

STEP1> 다음 문장을 소리 내어 읽고, 의미를 생각해보세요.

> **01　We want peace after the war.**
>
> **02　We are not against any side.**

STEP2> 단어를 익히고, 문장을 따라 써 보세요.

war　ⓝ 전쟁

03 War is a sad thing.

peace　ⓝ 평화

04 A dove is a symbol of peace.

against　prep. ~에 반대하여

05 It is against the law.

side　ⓝ 쪽, 편

06 Whose side are you on?

STEP3> 다음 문장을 읽고, 해석해보세요.

> **07 We are against war.**
> **We are on the side of peace.**

Translations> 오늘 배운 문장들에 대한 해석이에요.

01 우리는 전쟁 후 평화를 원한다.

02 우리는 어느 편도 반대하지 않는다.

03 전쟁은 슬픈 일이다.

04 비둘기는 평화의 상징이다.

05 그것은 법에 위배된다.

06 너는 누구 편이야?

07 우리는 전쟁에 반대한다.

우리는 평화의 편이다.

DAY 154　20 

> **01　The angel comes from heaven.**
> **02　A human prays to God.**

angel ⓝ 천사
03 The baby looks like a little angel.

heaven ⓝ 천국
04 I look up at heaven.

god ⓝ 신
05 The ancient Greeks believed in many gods.

human ⓝ 인간
06 Every human is different.

07   Humans believe in heaven.

God and angels live there.

Translations> 오늘 배운 문장들에 대한 해석이에요.

01   천사는 하늘에서 온다.

02   인간은 신에게 기도한다.

03   그 아기는 작은 천사처럼 보인다.

04   나는 하늘을 올려다본다.

05   고대 그리스인들은 많은 신을 믿었다.

06   모든 인간은 다르다.

07   인간은 천국을 믿는다.

신과 천사들이 그곳에 산다.

DAY 155　20 

> **01　I like the design of the brand.**
> **02　I print the picture on a blue background.**

STEP2> 단어를 익히고, 문장을 따라 써 보세요.

background　ⓝ 배경
03 I change the background.

design　ⓝ 디자인, 설계 ; ⓥ 디자인하다
04 She designs beautiful things.

print　ⓥ 인쇄하다
05 I need to print my homework.

brand　ⓝ 상표
06 What brand is your shirt?

> **07** **The brand designed a new logo.**
> **They printed it on a bright background.**

01 나는 그 브랜드의 디자인을 좋아한다.

02 나는 그것을 파란색 배경에 인쇄한다.

03 나는 배경을 바꾼다.

04 그녀는 아름다운 것을 디자인한다.

05 나는 숙제를 인쇄해야 한다.

06 네 셔츠는 어느 브랜드야?

07 그 브랜드는 새로운 로고를 디자인했다.

그들은 그것을 밝은 배경에 인쇄했다.

DAY 156　20　　.　　.　　. 

STEP1> 다음 문장을 소리 내어 읽고, 의미를 생각해보세요.

> **01 Monkeys and elephants live in the jungle.**
>
> **02 I saw horses and dolphins at the zoo.**

STEP2> 단어를 익히고, 문장을 따라 써 보세요.

horse ⓝ 말
03 I ride a horse.

elephant ⓝ 코끼리
04 An elephant has a long trunk.

monkey ⓝ 원숭이
05 A monkey loves to eat bananas.

dolphin ⓝ 돌고래
06 The dolphin swims in the sea.

STEP3> 다음 문장을 읽고, 해석해보세요.

> **07 Monkeys and dolphins can jump.**
>
> **Elephants and horses can walk and run.**

Translations> 오늘 배운 문장들에 대한 해석이에요.

01 원숭이와 코끼리는 정글에 산다.

02 나는 말과 돌고래를 동물원에서 봤다.

03 나는 말을 탄다.

04 코끼리는 코가 길다.

05 원숭이는 바나나 먹는 것을 아주 좋아한다.

06 그 돌고래는 바다에서 수영한다.

07 원숭이와 돌고래는 점프할 수 있다.

코끼리와 말은 걷고 뛸 수 있다.

DAY 157　20 ．　　．　　． 

STEP1> 다음 문장을 소리 내어 읽고, 의미를 생각해보세요.

> **01　In college, I met people with different accents.**
>
> **02　We congratulated the team on their win in the contest.**

STEP2> 단어를 익히고, 문장을 따라 써 보세요.

accent　ⓝ 말씨, 억양
03 He has a strong accent.

congratulate　ⓥ 축하하다
04 They congratulate the winner.

contest　ⓝ 대회, 시합
05 She wins the contest.

college　ⓝ 대학
06 My brother will go to college next year.

> **07 I won a dance contest in college in Busan.
> People congratulated me in the Busan accent.**

Translations> 오늘 배운 문장들에 대한 해석이에요.

01 대학에서 나는 서로 다른 말씨를 가진 사람들을 만났다.

02 우리는 그 팀의 대회에서의 승리를 축하했다.

03 그는 강한 억양이 있다.

04 그들은 승자를 축하한다.

05 그녀는 대회에서 이긴다.

06 내 오빠는 내년에 대학에 갈 것이다.

07 나는 부산의 대학교 댄스 대회에서 이겼다.

사람들이 부산 억양으로 나를 축하해줬다.

DAY 158　20　. . . . 

STEP1> 다음 문장을 소리 내어 읽고, 의미를 생각해보세요.

> **01 I see a couple. Both are hungry.**
>
> **02 Check twice. It is double the price.**

STEP2> 단어를 익히고, 문장을 따라 써 보세요.

double ⓐ 두 배의

03 This is double the size.

---

couple ⓝ 한 쌍, 두 개

04 The couple walks together.

---

both pron. 둘 다

05 Both of my parents are teachers.

---

twice ⓐⓓ 두 번, 두 배로

06 I called you twice this morning.

> ### 07   The couple both like the restaurant.
> ### They ordered a double burger twice.

Translations> 오늘 배운 문장들에 대한 해석이에요.

01   나는 커플을 본다. 둘 다 배가 고프다.

02   두 번 확인해라. 그것은 가격이 두 배다.

03   이것은 크기가 두 배다.

04   그 커플은 함께 걷는다.

05   나의 부모님 두 분 다 선생님이다.

06   나는 오늘 아침에 너에게 두 번 전화했다.

07   그 커플은 둘 다 그 식당을 좋아한다.

그들은 더블 버거를 두 번 주문했다.

STEP1> 다음 문장을 소리 내어 읽고, 의미를 생각해보세요.

> **01　The duck swims in the lake.**
> **02　The frog jumps over a stone.**

STEP2> 단어를 익히고, 문장을 따라 써 보세요.

duck ⓝ 오리

03 I see a duck in the pond.

frog ⓝ 개구리

04 A frog can jump very high.

lake ⓝ 호수

05 We went fishing in the lake.

stone ⓝ 돌

06 He threw a stone into the water.

STEP3> 다음 문장을 읽고, 해석해보세요.

> **07 I threw a stone into the lake.**
> **The frog jumped, and the duck swam away.**

Translations> 오늘 배운 문장들에 대한 해석이에요.

01 오리는 호수에서 헤엄친다.

02 개구리는 돌 위를 뛰어넘는다.

03 나는 연못에서 오리를 본다.

04 개구리는 매우 높이 뛸 수 있다.

05 우리는 호수로 낚시하러 갔다.

06 그는 물속으로 돌을 던졌다.

07 나는 호수 속으로 돌을 던졌다.

개구리가 펄쩍 뛰고 오리가 헤엄쳐 갔다.

DAY 160　20

STEP1> 다음 문장을 소리 내어 읽고, 의미를 생각해보세요.

> **01　I was mad, so I couldn't control my anger.**
> **02　Lazy elephants cross the river.**

STEP2> 단어를 익히고, 문장을 따라 써 보세요.

lazy　ⓐ 게으른

03　The lazy cat slept all day.

mad　ⓐ 몹시 화가 난

04　I am mad at him.

anger　ⓝ 화, 분노

05　He could not control his anger.

cross　ⓝ 십자가 ; ⓥ 건너다, 횡단하다

06　The boy crossed the street.

> **07 My mom is mad because I am lazy.**
>
> **She shows anger when I cross the line.**

Translations> 오늘 배운 문장들에 대한 해석이에요.

01 나는 화가 나서 분노를 통제하지 못했다.

02 게으른 코끼리들이 강을 건넌다.

03 그 게으른 고양이는 하루 종일 잤다.

04 나는 그에게 화가 났다.

05 그는 자신의 화를 통제할 수 없었다.

06 그 소년은 길을 가로질렀다.

07 우리 엄마는 내가 게을러서 화가 났다.

엄마는 내가 선을 넘으면 화를 내신다.

DAY 161　20 ．．．．

STEP1> 다음 문장을 소리 내어 읽고, 의미를 생각해보세요.

> **01　I hit the rock.**
>
> **02　The window breaks from the brick.**

STEP2> 단어를 익히고, 문장을 따라 써 보세요.

hit ⓥ 때리다, 치다

03 Don't hit your brother.

---

rock ⓝ 돌

04 The rock is big.

---

window ⓝ 창문

05 I look out the window.

---

brick ⓝ 벽돌

06 The brick is heavy.

STEP3> 다음 문장을 읽고, 해석해보세요.

> **07   The thief broke the window.**
> **He hit it with a rock or a brick.**

Translations> 오늘 배운 문장들에 대한 해석이에요.

01   나는 돌을 때린다.

02   창문은 벽돌 때문에 깨진다.

03   동생을 때리지 마라.

04   돌이 크다.

05   나는 창문 밖을 본다.

06   벽돌이 무겁다.

07   도둑이 창문을 깼다.

그는 큰 돌이나 벽돌로 창문을 때렸다.

STEP1> 다음 문장을 소리 내어 읽고, 의미를 생각해보세요.

> **01　Please fill out the form.**
>
> **02　Type or print your name.**

STEP2> 단어를 익히고, 문장을 따라 써 보세요.

fill ⓥ 채우다

03 Can you fill this bottle with water?

form ⓝ 형태, 양식 ; ⓥ 형성하다, 만들다

04 You need to complete this form.

type ⓝ 유형

05 What type of music do you like?

print ⓥ 인쇄하다

06 She needs to print her report.

> **07 Fill out the form and print it out.**
>
> **You can type it or write it by hand.**

Translations> 오늘 배운 문장들에 대한 해석이에요.

01 양식을 작성해 주세요.

02 타자로 치거나 바른 글자로 이름을 쓰세요.

03 이 병에 물을 채워줄 수 있나요?

04 이 양식을 작성해야 한다.

05 너는 어떤 유형의 음악을 좋아해?

06 그녀는 보고서를 인쇄해야 한다.

07 이 양식을 채워서 출력해라.

타자로 쳐도 되고 손으로 써도 된다.

DAY 163　　20

STEP1> 다음 문장을 소리 내어 읽고, 의미를 생각해보세요.

> **01　The air is dry. I have thirst.**
>
> **02　Fill my bottle with water.**

STEP2> 단어를 익히고, 문장을 따라 써 보세요.

dry　ⓐ 마른
03　The clothes are dry.

thirst　ⓝ 갈증
04　My thirst is strong.

bottle　ⓝ 병
05　The bottle is empty.

fill　ⓥ 채우다
06　I fill my backpack with books.

> **07 The dry air gives me thirst.**
> **I fill up my water bottle.**

Translations> 오늘 배운 문장들에 대한 해석이에요.

01 그 공기가 건조하다. 나는 갈증이 난다.

02 내 병을 물로 채워라.

03 그 옷들은 말랐다.

04 내 갈증이 심하다.

05 그 병은 비어 있다.

06 나는 내 가방을 책으로 채운다.

07 건조한 공기가 나를 목마르게 한다.

나는 내 물병을 채운다.

DAY 164　20　．　．　． 

STEP1> 다음 문장을 소리 내어 읽고, 의미를 생각해보세요.

> **01　I feel stressed and worried.**
> **02　I find peace and stay calm.**

STEP2> 단어를 익히고, 문장을 따라 써 보세요.

worry　ⓥ 걱정하다

03 Don't worry, be happy.

stress　ⓝ 스트레스

04 She has too much stress.

calm　ⓐ 고요한, 차분한

05 The sea is calm today.

peace　ⓝ 평화

06 We want peace in our home.

STEP3> 다음 문장을 읽고, 해석해보세요.

> **07 Do not worry and find peace.**
>
> **It helps you stay calm and forget about your stress.**

____

Translations> 오늘 배운 문장들에 대한 해석이에요.

01 나는 스트레스와 걱정을 느낀다.

02 나는 평화를 찾고 차분함을 유지한다.

03 걱정하지 말고, 행복해져라.

04 그녀는 스트레스가 너무 많다.

05 오늘 바다는 고요하다.

06 우리는 집안의 평화를 원한다.

07 걱정하지 말고 평화를 찾아라.

그것은 차분함을 유지하고 스트레스를 잊게 해준다.

DAY 165　20　.　.　. 

> **01　I wear gloves and a cap.**
>
> **02　The captain runs the base.**

STEP2> 단어를 익히고, 문장을 따라 써 보세요.

glove　ⓝ 장갑

03　These gloves are too big for me.

cap　ⓝ (테 없는) 모자

04　He wore a baseball cap.

captain　ⓝ 선장, 주장

05　The captain gave orders to the crew.

base　ⓝ 기초, 맨 아래 부분, (야구) 베이스/루

06　The base is strong.

> **07 The captain took us to the base camp.**
> **We got caps and gloves for hiking.**

Translations> 오늘 배운 문장들에 대한 해석이에요.

01 나는 장갑과 모자를 쓴다.

02 그 주장은 베이스를 달린다.

03 이 장갑들은 나에게 너무 크다.

04 그는 야구 모자를 썼다.

05 선장은 선원들에게 명령을 내렸다.

06 그 기초는 튼튼하다.

07 대장이 우리를 베이스 캠프로 데리고 갔다.

우리는 등산을 위한 모자와 장갑을 구했다.

DAY 166　20　● ● ● 

STEP1> 다음 문장을 소리 내어 읽고, 의미를 생각해보세요.

> **01　They say thank you and goodbye.**
> **02　They say thank and goodbye.**

STEP2> 단어를 익히고, 문장을 따라 써 보세요.

customer ⓝ 고객

03 The customer is always right.

clerk ⓝ 점원, 직원

04 The clerk at the store was very helpful.

thank ⓥ 감사하다

05 I want to thank you for your help.

goodbye ⓝ 작별 인사

06 I say goodbye to her.

> 07 **The customer says thank you.**
> **The clerk smiles and says goodbye.**

Translations> 오늘 배운 문장들에 대한 해석이에요.

01 점원은 손님을 도와준다.

02 그들은 감사와 작별 인사를 한다.

03 고객은 언제나 옳다.

04 가게 점원은 매우 도움이 되었다.

05 나는 너의 도움에 대해서 감사하고 싶다.

06 나는 그녀에게 작별 인사를 한다.

07 손님은 고맙다고 말한다.

점원은 웃으며 작별 인사를 한다.

DAY 167　20　．　．　．

STEP1> 다음 문장을 소리 내어 읽고, 의미를 생각해보세요.

> **01　I enter the palace.**
> **02　The prince finds the exit.**

STEP2> 단어를 익히고, 문장을 따라 써 보세요.

exit ⓝ 출구

03 The emergency exit is this way.

enter ⓥ 들어가다, 입력하다

04 Please enter your password.

palace ⓝ 궁전

05 The queen lives in a beautiful palace.

prince ⓝ 왕자

06 The prince will one day become king.

> **07   The prince walks into the palace.**
> **He enters this way and exits that way.**

01   나는 궁전에 들어간다.

02   왕자는 출구를 찾는다.

03   비상 출구는 이쪽이다.

04   비밀번호를 입력하세요.

05   여왕은 아름다운 궁전에 산다.

06   왕자는 언젠가 왕이 될 것이다.

07   왕자가 궁전으로 걸어 들어간다.

그는 이 길로 들어가서 저 길로 나온다.

DAY 168　20

STEP1> 다음 문장을 소리 내어 읽고, 의미를 생각해보세요.

> **01　Your address is in our file.**
>
> **02　Act now and do not be afraid to fail.**

STEP2> 단어를 익히고, 문장을 따라 써 보세요.

fail ⓥ 실패하다
03 If you don't study, you might fail the test.

file ⓝ 파일, 서류철
04 This file is important.

act ⓥ 행동하다, 연기하다
05 I act in the play.

address ⓝ 주소
06 What is your email address?

STEP3> 다음 문장을 읽고, 해석해보세요.

07   I failed to remember your address.
I will act now and find it in the file.

Translations> 오늘 배운 문장들에 대한 해석이에요.

01   네 주소는 우리 파일에 있다.

02   지금 행동에 나서고 실패를 두려워하지 마라.

03   공부하지 않으면 시험에 떨어질 수 있다.

04   이 파일은 중요하다.

05   나는 연극에서 연기한다.

06   너의 이메일 주소는 뭐야?

07   당신의 주소를 기억할 수 없다.

지금 바로 착수해서 파일에서 찾겠다.

DAY 169   20 

STEP1> 다음 문장을 소리 내어 읽고, 의미를 생각해보세요.

> **01 The airline sends me a calendar every year.**
> **02 The hospital bill shows my age.**

STEP2> 단어를 익히고, 문장을 따라 써 보세요.

airline ⓝ 항공사
03 Which airline did you fly with?

calendar ⓝ 달력
04 The calendar shows the date.

age ⓝ 나이
05 What is your age?

bill ⓝ 청구서, 계산서
06 My dad paid the bill.

> 07 **The airline needs your age for the ticket.**
> **Check your calendar and pay the bill.**

Translations> 오늘 배운 문장들에 대한 해석이에요.

01 항공사는 매년 나에게 달력을 보낸다.

02 병원비 청구서가 내 나이를 보여준다.

03 어느 항공사를 이용했나요?

04 그 달력은 날짜를 보여준다.

05 너의 나이는 몇이니?

06 아빠가 계산서를 지불하셨다.

07 항공사는 표를 위해 나이가 필요하다.

달력을 확인하고 요금을 지불해라.

DAY 170　20 

STEP1> 다음 문장을 소리 내어 읽고, 의미를 생각해보세요.

> **01　This train station is important.**
> **02　The brake slows down the speed.**

STEP2> 단어를 익히고, 문장을 따라 써 보세요.

brake ⓝ 브레이크, 제동장치
03 The car brake stops the car.

train ⓝ 기차
04 The train will arrive at 10 AM.

speed ⓝ 속도
05 The car was driving at high speed.

important ⓐ 중요한
06 Safety is the most important thing.

> **07 The train's speed is very fast.**
> **The brake is important for safety.**

____

Translations> 오늘 배운 문장들에 대한 해석이에요.

01 이 기차역은 중요하다.

02 브레이크는 속도를 늦춘다.

03 그 차 브레이크는 차를 멈춘다.

04 기차는 오전 10시에 도착할 것이다.

05 그 차는 빠른 속도로 달리고 있었다.

06 안전이 가장 중요한 것이다.

07 그 기차의 속도는 아주 빠르다.

브레이크는 안전을 위해 중요하다.

DAY 171　20 

STEP1> 다음 문장을 소리 내어 읽고, 의미를 생각해보세요.

> **01　I brush my teeth in front of a mirror.**
>
> **02　That guy is very handsome.**

STEP2> 단어를 익히고, 문장을 따라 써 보세요.

brush ⓝ 붓, 솔; ⓥ 빗질하다

03 You should brush your teeth after meals.

mirror ⓝ 거울

04 The mirror is on the wall.

handsome ⓐ 잘생긴

05 The prince in the story was very handsome.

guy ⓝ 남자, 녀석

06 He is a really nice guy.

> **07 Handsome guys don't need a mirror.**
> **They don't even brush their hair.**

Translations> 오늘 배운 문장들에 대한 해석이에요.

01 나는 거울 앞에서 이를 닦는다.

02 그 남자는 아주 잘생겼다.

03 식사 후에는 이를 닦아야 한다.

04 거울이 벽에 걸려 있다.

05 이야기 속의 왕자는 매우 잘생겼다.

06 그는 정말 좋은 사람이다.

07 잘생긴 녀석들은 거울이 필요없다.

그들은 머리도 빗지 않는다.

STEP1> 다음 문장을 소리 내어 읽고, 의미를 생각해보세요.

> **01　I do my homework about animals.**
>
> **02　The academy teaches reading.**

STEP2> 단어를 익히고, 문장을 따라 써 보세요.

about　prep. ~에 대하여
03 This book is about animals.

academy　ⓝ 학원
04 I learn English at an academy.

homework　ⓝ 숙제
05 I have a lot of homework tonight.

do　ⓥ 하다
06 What did you do over the weekend?

> **07 What is your homework about?**
>
> **Do it before you go to the academy.**

Translations> 오늘 배운 문장들에 대한 해석이에요.

01 나는 동물에 대한 내 숙제를 한다.

02 그 학원은 읽기를 가르친다.

03 이 책은 동물에 관한 것이다.

04 나는 학원에서 영어를 배운다.

05 나는 오늘 밤 숙제가 많다.

06 너는 주말 동안 무엇을 했어?

07 숙제가 뭐에 대한 거야?

학원 가기 전에 해라.

DAY 173　20　.　.　.

> **01 I see a cat above the roof.**
>
> **02 I can see nothing now.**

STEP2> 단어를 익히고, 문장을 따라 써 보세요.

above　prep. ~보다 위에

03 The airplane flew above the clouds.

roof　ⓝ 지붕

04 The cat is sleeping on the roof.

see　ⓥ 보다

05 I can see the mountains from my window.

nothing　pron. 아무것도 ~아닌

06 There is nothing in the box.

> **07 A rainbow is above the roof.**
> **There is nothing more beautiful to see.**

Translations> 오늘 배운 문장들에 대한 해석이에요.

01 나는 지붕 위에 있는 고양이를 본다.

02 지금은 아무것도 안 보인다.

03 비행기는 구름 위로 날았다.

04 고양이가 지붕 위에서 자고 있다.

05 나는 창문에서 산들을 볼 수 있다.

06 상자 안에는 아무것도 없다.

07 무지개가 지붕 위에 있다.

이보다 더 보기에 아름다운 것은 없다.

DAY 174　20　.　.　. 

STEP1> 다음 문장을 소리 내어 읽고, 의미를 생각해보세요.

> **01　Do you know your grandfather's age?**
> **02　My fish died a week ago.**

STEP2> 단어를 익히고, 문장을 따라 써 보세요.

age ⓝ 나이
03 He looks young for his age.

grandfather ⓝ 할아버지
04 My grandfather tells the best stories.

ago ⓐ[illegible]days ~전에
05 She left five minutes ago.

die ⓥ 죽다
06 All living things must someday die.

STEP3> 다음 문장을 읽고, 해석해보세요.

---

07   **My grandfather's dog died a month ago.
It was too early for her age.**

Translations> 오늘 배운 문장들에 대한 해석이에요.

01   너희 할아버지의 연세를 아니?

02   내 물고기가 일주일 전에 죽었다.

03   그는 나이에 비해 젊어 보인다.

04   내 할아버지는 최고의 이야기를 들려주신다.

05   그녀는 5분 전에 떠났다.

06   모든 살아있는 것은 언젠가 죽는다.

07   우리 할아버지 개가 한달 전에 죽었다.

나이에 비해서 너무 이른 일이었다.

STEP1> 다음 문장을 소리 내어 읽고, 의미를 생각해보세요.

> **01　I almost skipped dinner today.**
>
> **02　Let's eat dessert after dinner.**

STEP2> 단어를 익히고, 문장을 따라 써 보세요.

almost　ⓐ 거의

03 I almost dropped my cup.

dinner　ⓝ 저녁 식사

04 What should we have for dinner tonight?

dessert　ⓝ 디저트, 후식

05 I want ice cream for dessert.

skip　ⓥ 건너뛰다, 빼놓다

06 I'm not hungry, so I will skip lunch.

> **07   I am almost full after dinner.**
> **But I will never skip dessert.**

Translations> 오늘 배운 문장들에 대한 해석이에요.

01   나는 오늘 거의 저녁을 건너뛸 뻔 했다.

02   저녁 먹고 후식을 먹자.

03   나는 컵을 거의 떨어뜨릴 뻔했다.

04   오늘 밤 저녁으로 무엇을 먹을까?

05   나는 후식으로 아이스크림을 원한다.

06   나는 배가 안 고프니까 점심을 건너뛸 거다.

07   나는 저녁을 먹고 배가 거의 꽉 찼다.

하지만 절대 디저트를 빼놓지는 않을 것이다.

DAY 176　20　．　．　．　

STEP1> 다음 문장을 소리 내어 읽고, 의미를 생각해보세요.

> **01　Do you have a pet, too?**
>
> **02　I also have a pet.**

STEP2> 단어를 익히고, 문장을 따라 써 보세요.

also ⓐⓓ 또한

03 I like apples and also like oranges.

too ⓐⓓ 너무, 또한

04 I want to go, too.

pet ⓝ 반려동물

05 My pets are my everything.

have ⓥ 가지다, 먹다

06 I have two cats.

> **07   I have cats. Do you also have cats?**
> **Yes, I have cats, too.**

Translations> 오늘 배운 문장들에 대한 해석이에요.

01   너도 반려동물이 있니?

02   나도 반려동물이 있어.

03   나는 사과를 좋아하고 오렌지도 좋아해.

04   나도 가고 싶다.

05   내 반려동물은 내 모든 것이다.

06   나는 고양이 두 마리를 키운다.

07   나는 고양이가 있어. 너도 고양이를 좋아하니?

응, 나도 고양이가 있어.

DAY 177　20 . . . 

STEP1> 다음 문장을 소리 내어 읽고, 의미를 생각해보세요.

> **01　An ant walks on a leaf.**
>
> **02　You can't hunt here for any reason.**

STEP2> 단어를 익히고, 문장을 따라 써 보세요.

ant ⓝ 개미

03 Ants like sweet food.

any ⓐ 어떤, 아무

04 I don't have any money with me.

leaf ⓝ 잎

05 I found a red leaf on the ground.

hunt ⓥ 사냥하다

06 Lions hunt for their food.

> **07   A spider hunts ants for food.**
> **It follows them onto any leaf.**

Translations> 오늘 배운 문장들에 대한 해석이에요.

01   개미 한 마리가 잎 위를 걷는다.

02   여기서는 어떤 이유로든 사냥할 수 없습니다.

03   개미들은 단 음식을 좋아한다.

04   나는 돈을 하나도 가지고 있지 않다.

05   나는 바닥에서 빨간 나뭇잎을 발견했다.

06   사자는 먹이를 사냥한다.

07   거미가 개미들을 먹이로 사냥한다.

거미는 그들을 쫓아 어느 잎이든 따라간다.

DAY 178　20　　.　　.　　. 

> **01　It is already afternoon.**
>
> **02　The accident happened again.**

accident ⓝ 사고

03 He was late because of a traffic accident.

afternoon ⓝ 오후

04 I will meet my friend this afternoon.

again ⓐⓓ 다시

05 Can you please say your name again?

already ⓐⓓ 이미, 벌써

06 I have already finished my homework.

> **07** **There were many accidents this afternoon.**
> **The police have already come again.**

Translations> 오늘 배운 문장들에 대한 해석이에요.

01 벌써 오후다.

02 사고가 또 일어났다.

03 그는 교통사고 때문에 늦었다.

04 나는 오늘 오후에 친구를 만날 것이다.

05 당신의 이름을 다시 한 번 말해줄 수 있나요?

06 나는 이미 숙제를 다 끝냈다.

07 오늘 오후 많은 사고가 일어났다.

경찰이 벌써 또 왔다.

DAY 179　20

STEP1> 다음 문장을 소리 내어 읽고, 의미를 생각해보세요.

> **01　The bus arrives around this time.**
> **02　The band always plays that song.**

STEP2> 단어를 익히고, 문장을 따라 써 보세요.

always ⓐ항상
03 She always tells the truth.

around ⓐ주위에
04 The children sat around the campfire.

arrive ⓥ 도착하다
05 What time will the bus arrive?

band ⓝ 밴드, 악단
06 My brother plays guitar in a rock band.

> **07   The band will come around this time.**
> **They always arrive on time.**

Translations> 오늘 배운 문장들에 대한 해석이에요.

01   버스는 이 시간쯤에 도착한다.

02   그 밴드는 그 노래를 늘 연주한다.

03   그녀는 항상 진실을 말한다.

04   아이들은 모닥불 주위에 앉았다.

05   버스는 몇 시에 도착해?

06   내 오빠는 록 밴드에서 기타를 친다.

07   그 밴드는 이맘때쯤 올 거다.

그들은 항상 제시간에 도착한다.

DAY 180　20

STEP1> 다음 문장을 소리 내어 읽고, 의미를 생각해보세요.

> **01　The bicycle runs on a battery.**
> **02　I stand behind the wall, below the fan.**

STEP2> 단어를 익히고, 문장을 따라 써 보세요.

battery　ⓝ 배터리
03　I need to charge my laptop battery.

behind　prep. ~뒤에
04　The sun disappeared behind the clouds.

below　prep. ~아래에
05　The temperature is below zero.

bicycle　ⓝ 자전거
06　I like to ride my bicycle in the park.

> **07 The bicycle is behind the door.
> Its battery is below the seat.**

Translations> 오늘 배운 문장들에 대한 해석이에요.

01 그 자전거는 배터리로 간다.

02 나는 벽 뒤에 선풍기 아래 서 있다.

03 나는 노트북 배터리를 충전해야 한다.

04 해가 구름 뒤로 사라졌다.

05 기온이 영하다.

06 나는 공원에서 자전거 타는 것을 좋아한다.

07 그 자전거는 문 뒤에 있다.

그것의 배터리는 자리 아래 있다.

DAY 181　20　．　．　．

> **01　A baby bird breaks the egg at birth.**
>
> **02　A restaurant in this block makes the best bowl of soup.**

STEP2> 단어를 익히고, 문장을 따라 써 보세요.

birth ⓝ 출생, 탄생

03 We celebrated the birth of the new baby.

block ⓝ 블록, 구역 ; ⓥ 막다

04 The child is playing with colorful blocks.

bowl ⓝ 그릇

05 I ate a bowl of soup for lunch.

break ⓥ 깨뜨리다

06 Be careful not to break the glass.

> **07 Do not break this bowl.**
> **Our block celebrated the baby's birth.**

Translations> 오늘 배운 문장들에 대한 해석이에요.

01 아기새는 태어날 때 알을 깨고 나온다.

02 이 구역에 있는 레스토랑은 최고의 수프를 만든다.

03 우리는 새 아기의 탄생을 축하했다.

04 그 아이는 알록달록한 블록으로 놀고 있다.

05 점심으로 수프 한 그릇을 먹었다.

06 유리를 깨뜨리지 않도록 조심해라.

07 이 그릇을 깨지 마라.

우리 골목은 아기의 탄생을 축하했다.

DAY 182　20 ． ． ．

STEP1> 다음 문장을 소리 내어 읽고, 의미를 생각해보세요.

> **01 Please carry the box with care.**
>
> **02 I saved a bird from the burning cage.**

STEP2> 단어를 익히고, 문장을 따라 써 보세요.

burn ⓥ 타다

03 The fire continues to burn.

cage ⓝ 우리, 새장

04 The bird sings in its cage.

care ⓝ 돌봄, 주의

05 You should take care of your health.

carry ⓥ 나르다, 운반하다

06 Mom helps me carry the box.

> 07　**The cage needs care when you carry it.**
> **Don't let it burn in the sun.**

Translations> 오늘 배운 문장들에 대한 해석이에요.

01　상자를 조심히 옮겨 주세요.

02　나는 불타는 새장에서 새를 구해줬다.

03　불이 계속 타고 있다.

04　새가 새장 안에서 노래한다.

05　건강을 돌봐야 한다.

06　엄마는 내가 상자 옮기는 것을 도와주신다.

07　그 우리는 옮길 때 주의가 필요하다.

　햇볕에 타도록 놔두지 마라.

DAY 183　20　　·　　·　　· 

> **01　Put the case in the cart.**
> **02　You have a chance to break the chain.**

cart　ⓝ 수레
03　The cart is full of food.

case　ⓝ 상자, 경우, 사실
04　I open the case.

chain　ⓝ 사슬
05　The dog was tied with a chain.

chance　ⓝ 기회, 가능성
06　This is your last chance.

STEP3> 다음 문장을 읽고, 해석해보세요.

> **07 I could move the cases to the cart.**
> **I had a chance to use a chain.**

Translations> 오늘 배운 문장들에 대한 해석이에요.

01 케이스를 카트에 넣어라.

02 너는 사슬을 끊을 기회가 있다.

03 그 카트는 음식으로 가득하다.

04 나는 그 상자를 연다.

05 그 개는 사슬에 묶여 있었다.

06 이것이 너의 마지막 기회이다.

07 나는 그 상자들을 수레에 옮길 수 있었다.

나는 사슬을 사용할 기회가 있었다.

STEP1> 다음 문장을 소리 내어 읽고, 의미를 생각해보세요.

> **01　I copy the papers and clip them.**
> **02　This is the cover of the club album.**

STEP2> 단어를 익히고, 문장을 따라 써 보세요.

clip　ⓝ 클립 ; ⓥ 묶다, 철하다
03 The clip is on the desk.

club　ⓝ 클럽, 동아리
04 Our club meets after school.

copy　ⓝ 사본, 복사본 ; ⓥ 복사하다
05 Please make a copy of this report.

cover　ⓝ 덮개, 표지 ; ⓥ 덮다, 다루다
06 Cover your face with a mask.

> 07 **This is a copy of our club album.**
> **A picture with a clip is on the cover.**

Translations> 오늘 배운 문장들에 대한 해석이에요.

01 나는 종이들을 복사해서 철해 놓는다.

02 이것은 클럽 앨범의 표지이다.

03 그 클립은 책상 위에 있다.

04 우리 동아리는 방과 후에 모인다.

05 이 보고서를 한 부 복사해라.

06 마스크로 얼굴을 가려라.

07 이건 우리 클럽 앨범의 사본이다.

사진이 클립과 함께 표지에 있다.

DAY 185　　20 　　•　　•　　• 

STEP1> 다음 문장을 소리 내어 읽고, 의미를 생각해보세요.

> **01　I believe in the cycle of life and death.**
>
> **02　My dad was curious when he was young.**

STEP2> 단어를 익히고, 문장을 따라 써 보세요.

curious ⓐ 호기심 많은

03　The cat was curious about the new toy.

---

cycle ⓝ 순환, 주기

04　The life cycle of a butterfly is interesting.

---

dad ⓝ 아빠

05　My dad drives a car.

---

death ⓝ 죽음

06　Everyone is sad about the death of the king.

> **07   I am curious about life and death.**
> **My dad told me about the cycle.**

Translations> 오늘 배운 문장들에 대한 해석이에요.

01   나는 삶과 죽음의 순환을 믿는다.

02   우리 아빠는 어릴 때 호기심이 많으셨다.

03   고양이는 새 장난감에 대해 호기심이 많았다.

04   나비의 생애 주기는 흥미롭다.

05   내 아빠는 차를 모신다.

06   모두가 왕의 죽음에 대해 슬퍼한다.

07   나는 삶과 죽음에 대해 호기심이 있다.

아빠가 그 순환에 대해 말해주셨다.

DAY 186　20　　.　　.　　. 

STEP1> 다음 문장을 소리 내어 읽고, 의미를 생각해보세요.

> **01　We divide the work during cleaning.**
>
> **02　I dropped the mail early in the morning.**

STEP2> 단어를 익히고, 문장을 따라 써 보세요.

divide　ⓥ 나누다

03 The teacher will divide the class into two groups.

drop　ⓝ 방울 ; ⓥ 떨어뜨리다, 떨어지다, 갖다 놓다

04 Be careful not to drop your phone.

during　prep. ~동안

05 Please be quiet during the movie.

early　ⓐ 이른 ; ⓐⓓ 일찍

06 I wake up early in the morning.

STEP3> 다음 문장을 읽고, 해석해보세요.

> **07 We divide the mail early in the morning.**
> **Then we drop it during the day.**

Translations> 오늘 배운 문장들에 대한 해석이에요.

01 우리는 청소하면서 할 일을 나누었다.

02 나는 아침 일찍 우편을 배달했다.

03 선생님은 반을 두 그룹으로 나눌 것이다.

04 휴대폰을 떨어뜨리지 않도록 조심해라.

05 영화 상영 중에는 조용히 해주세요.

06 나는 아침에 일찍 일어난다.

07 우리는 아침 일찍 우편을 나눈다.

그리고 하루 중에 우편을 배달한다.

DAY 187　20　　•　　•　　•　

STEP1> 다음 문장을 소리 내어 읽고, 의미를 생각해보세요.

01　There was an error in the machine at the factory.

02　We do not have enough time to exercise.

STEP2> 단어를 익히고, 문장을 따라 써 보세요.

enough　ⓐ 충분한
03 Is there enough space for everyone?

error　ⓝ 오류, 실수
04 The computer showed an error message.

exercise　ⓝ 운동, 연습 ; ⓥ 운동하다
05 Regular exercise is good for your health.

factory　ⓝ 공장
06 A factory makes cars and other products.

> **07 In the factory, one small error can stop work.
> With enough exercise, you can prevent mistakes.**

Translations> 오늘 배운 문장들에 대한 해석이에요.

01 공장의 기계에 오류가 있었다.

02 우리는 운동할 충분한 시간이 없다.

03 모두를 위한 충분한 공간이 있어?

04 컴퓨터에 오류 메시지가 나타났다.

05 규칙적인 운동은 건강에 좋다.

06 공장은 자동차와 다른 제품을 만든다.

07 공장에서는 작은 오류로 작동이 멈출 수도 있다.

충분한 연습으로 실수를 예방할 수 있다.

STEP1> 다음 문장을 소리 내어 읽고, 의미를 생각해보세요.

> **01　The fish is smaller than my finger.**
>
> **02　The weather is fine in the field.**

STEP2> 단어를 익히고, 문장을 따라 써 보세요.

field ⓝ 들판, 분야

03 The field is green.

fine ⓐ 좋은, 훌륭한 ; ⓐⓓ잘

04 The weather is fine today.

finger ⓝ 손가락

05 She wears a ring on her finger.

fish ⓝ 물고기 ; ⓥ 낚시하다

06 I like to watch fish in the aquarium.

> **07 We fish in the river by the field on a fine day.**
> **I point at the fish with my finger.**

Translations> 오늘 배운 문장들에 대한 해석이에요.

01 그 물고기는 내 손가락보다 작다.

02 들판의 날씨가 좋다.

03 그 들판은 초록색이다.

04 오늘 날씨는 좋다.

05 그녀는 손가락에 반지를 끼었다.

06 나는 수족관에서 물고기를 보는 것을 좋아한다.

07 우리는 날씨가 좋은 날 들판 옆 강에서 낚시한다.

나는 물고기를 손가락으로 가리킨다.

STEP1> 다음 문장을 소리 내어 읽고, 의미를 생각해보세요.

> **01 I focus best when I am free.**
>
> **02 We have a glass of juice in the garden.**

STEP2> 단어를 익히고, 문장을 따라 써 보세요.

focus ⓝ 초점, 집중 ; ⓥ 집중하다

03 I focus on my work.

free ⓐ 자유로운, 무료의

04 I am free today.

garden ⓝ 정원

05 My grandmother grows flowers in her garden.

glass ⓝ 유리, 유리잔

06 The window is made of glass.

> **07** In my free time, I take pictures in my garden.
> The camera focuses on the glass on the table.

Translations> 오늘 배운 문장들에 대한 해석이에요.

01 나는 시간이 많을 때 가장 집중을 잘한다.

02 우리는 정원에서 주스 한 잔을 마신다.

03 나는 내 일에 집중한다.

04 나는 오늘 자유롭다.

05 할머니는 정원에서 꽃을 키우신다.

06 그 창문은 유리로 만들어졌다.

07 나는 여가 시간에 내 정원에서 사진을 찍는다.

카메라가 테이블 위의 유리잔에 초점을 맞춘다.

DAY 190　20 

STEP1> 다음 문장을 소리 내어 읽고, 의미를 생각해보세요.

> **01　Please stick it with glue.**
>
> **02　Guess what is hanging on the Christmas tree.**

STEP2> 단어를 익히고, 문장을 따라 써 보세요.

glue ⓝ 풀
03　I need some glue for my art project.

guess ⓥ 추측하다
04　Can you guess what is in the box?

hang ⓥ 걸다, 걸리다
05　Please hang your coat on the hook.

stick ⓝ 막대 ; ⓥ 붙이다
06　Stick the note on the wall.

> **07   I guess there is a glue stick on the desk.**
> **Use it to hang the picture on the wall.**

Translations> 오늘 배운 문장들에 대한 해석이에요.

01   그것을 풀로 붙여라.

02   크리스마스 트리에 뭐가 걸려 있는지 맞혀 봐.

03   나는 미술 과제를 위해서 풀이 좀 필요하다.

04   너는 상자 안에 무엇이 있는지 추측할 수 있어?

05   당신의 코트를 고리에 걸어주세요.

06   벽에 그 쪽지를 붙여라.

07   내 생각엔 책상 위에 스틱형 풀이 있을 거야.

그걸 사용해서 벽에 사진을 걸어.

DAY 191　20 

STEP1> 다음 문장을 소리 내어 읽고, 의미를 생각해보세요.

> **01　How does the helicopter fly?**
>
> **02　I tried to be careful. However, I fell into a hole.**

STEP2> 단어를 익히고, 문장을 따라 써 보세요.

helicopter ⓝ 헬리콥터

03 A helicopter can land in small spaces.

how ⓐⓓ 어떻게

04 How do you go to school?

however 그러나

05 She wanted to go; however, she was too busy.

into prep. ~안으로

06 The cat jumped into the box.

> **07 I learned how to fly a helicopter.**
> **However, I got into a small accident.**

Translations> 오늘 배운 문장들에 대한 해석이에요.

01 그 헬리콥터는 어떻게 나는가?

02 나는 조심하려고 노력했다. 하지만 구멍에 빠졌다.

03 헬리콥터는 좁은 공간에도 착륙할 수 있다.

04 너는 어떻게 학교에 가니?

05 그녀는 가고 싶었지만 너무 바빴다.

06 고양이가 상자 안으로 뛰어들었다.

07 나는 헬리콥터를 어떻게 조종하는지 배웠다.

그러나 나는 작은 사고를 당했다.

DAY 192　20 . . . . 

STEP1> 다음 문장을 소리 내어 읽고, 의미를 생각해보세요.

> **01　The little kid is here.**
>
> **02　He will join just for fun.**

STEP2> 단어를 익히고, 문장을 따라 써 보세요.

join　ⓥ 가입하다, 합류하다

03　Would you like to join us for dinner?

just　ⓐⓓ 단지, 그냥

04　It is just a game.

kid　ⓝ 아이

05　The kid next door is very friendly.

little　ⓐ 작은

06　I have a little brother.

> **07   The little kid will join the game.**
> **He is just happy.**

Translations> 오늘 배운 문장들에 대한 해석이에요.

01 그 어린아이가 여기 있다.

02 그는 단지 재미로 참여할 것이다.

03 우리와 함께 저녁 먹을래?

04 그것은 그냥 게임이다.

05 옆집 아이는 매우 친절하다.

06 나는 남동생이 한 명 있다.

07 그 어린아이가 그 게임에 참여할 것이다.

그는 그저 행복하다.

DAY 193　20　.　.　. 

STEP1> 다음 문장을 소리 내어 읽고, 의미를 생각해보세요.

> **01　Many cars drive at low speed.**
>
> **02　I put your mail in the living room.**

STEP2> 단어를 익히고, 문장을 따라 써 보세요.

living room　ⓝ 거실

03 We watch TV together in the living room.

low　ⓐ 낮은

04 The price of this item is very low.

mail　ⓝ 우편

05 Did you check the mail today?

many　ⓐ 많은 ; pron. 많은 것들

06 I have many friends.

STEP3> 다음 문장을 읽고, 해석해보세요.

> **07 You have many new mail in the living room.**
> **The mail is on the low shelf.**

Translations> 오늘 배운 문장들에 대한 해석이에요.

01 많은 차들이 느린 속도로 달린다.

02 나는 네 우편물을 거실에 놔뒀다.

03 우리는 거실에서 함께 TV를 본다.

04 이 물건의 가격은 매우 낮다.

05 너는 오늘 우편물을 확인했어?

06 나는 친구가 많다.

07 너는 거실에 많은 새 우편물이 있다.

우편물은 아래 선반에 있다.

DAY 194　20　.　.　. 

STEP1> 다음 문장을 소리 내어 읽고, 의미를 생각해보세요.

> **01　I see a mouse move.**
>
> **02　I miss it so much.**

STEP2> 단어를 익히고, 문장을 따라 써 보세요.

miss ⓥ 그리워하다, 놓치다

03 Hurry up, or you will miss the bus.

mouse ⓝ 쥐

04 The mouse is small.

move ⓥ 움직이다, 이사하다

05 Please help me move this table.

much ⓐ 많은 ; ⓐⓓ 많이 ; pron. 많은 것

06 I have much homework.

> **07   I don't miss my old house too much.**
> **There were mice moving at night.**

Translations> 오늘 배운 문장들에 대한 해석이에요.

01   나는 움직이는 쥐를 본다.

02   나는 그것을 매우 많이 그리워한다.

03   서두르지 않으면, 버스를 놓칠 수 있다.

04   그 쥐는 작다.

05   내가 이 테이블을 옮기는 것을 도와주세요.

06   나는 숙제가 많다.

07   나는 예전 집이 그렇게 그립지는 않다.

밤에 쥐들이 돌아다녔다.

STEP1> 다음 문장을 소리 내어 읽고, 의미를 생각해보세요.

01　**You must write your name.**

02　**I often walk outside, but I never run.**

STEP2> 단어를 익히고, 문장을 따라 써 보세요.

must　aux. ~해야 한다

03　You must finish your homework.

name　ⓝ 이름

04　What is your name?

never　@d 결코 ~않다

05　She never eats meat.

often　@d 자주

06　I often go for a walk in the evening.

STEP3> 다음 문장을 읽고, 해석해보세요.

---

07 **I see you here often but never asked your name.
So I must introduce myself.**

Translations> 오늘 배운 문장들에 대한 해석이에요.

01 너는 이름을 써야 한다.

02 나는 자주 밖에서 걷지만 절대 뛰지는 않는다.

03 너는 숙제를 끝내야 해.

04 너의 이름은 뭐야?

05 그녀는 절대 고기를 먹지 않는다.

06 나는 저녁에 자주 산책을 간다.

07 여기서 당신을 자주 보는데 이름을 한번도 물어보지 않았네요.

그래서 제 소개를 해야겠어요.

STEP1> 다음 문장을 소리 내어 읽고, 의미를 생각해보세요.

> **01　This is the only part we like.**
>
> **02　Get out or stay quiet.**

STEP2> 단어를 익히고, 문장을 따라 써 보세요.

only ⓐ 오직, 단지

03 I have only one apple.

or conj. 또는

04 Do you want coffee or tea?

out ⓐ 밖으로

05 Let's go out for dinner.

part ⓝ 부분

06 The best part of the movie was the ending.

---

07 **This is only a small part of the party.**
You can stay here or move out.

Translations> 오늘 배운 문장들에 대한 해석이에요.

01 이게 우리가 좋아하는 유일한 부분이다.

02 나가든지 조용히 하고 있어.

03 나는 사과가 하나만 있다.

04 커피 드실래요, 차 드실래요?

05 저녁 먹으러 밖에 나가자.

06 그 영화의 가장 좋은 부분은 결말이었다.

07 이것은 파티의 작은 일부일 뿐이다.

여기에 있어도 되고 밖으로 나가도 된다.

DAY 197　20　　.　.　. 

STEP1> 다음 문장을 소리 내어 읽고, 의미를 생각해보세요.

> **01　The police go to the place.**
> **02　The puppy plays with a puzzle.**

STEP2> 단어를 익히고, 문장을 따라 써 보세요.

place ⓝ 장소
03 This is a good place for a picnic.

police ⓝ 경찰
04 Call the police in an emergency.

puppy ⓝ 강아지
05 The puppy is playing with a ball.

puzzle ⓝ 퍼즐
06 This is a difficult puzzle.

> **07 The police solved the puzzle.**
> **They found a puppy in the place.**

Translations> 오늘 배운 문장들에 대한 해석이에요.

01 경찰은 그 장소로 간다.

02 강아지는 퍼즐을 가지고 논다.

03 이곳은 소풍하기에 좋은 장소이다.

04 긴급 상황에서는 경찰에 전화해라.

05 강아지가 공을 가지고 놀고 있다.

06 이것은 어려운 퍼즐이다.

07 경찰은 퍼즐을 풀었다.

그들은 그 장소에서 강아지를 찾았다.

DAY 198　20　．　．　．

> **01　The rabbit sees the rainbow.**
>
> **02　Restaurants are busy this season.**

STEP2> 단어를 익히고, 문장을 따라 써 보세요.

rabbit　ⓝ 토끼

03 A rabbit has long ears and a short tail.

rainbow　ⓝ 무지개

04 A rainbow has seven colors.

restaurant　ⓝ 식당

05 Let's eat at our favorite restaurant.

season　ⓝ 계절

06 Spring is my favorite season.

> **07   The rainbow is over the restaurant.**
> **Rabbits come out in the spring season.**

Translations> 오늘 배운 문장들에 대한 해석이에요.

01 그 토끼가 무지개를 본다.

02 식당들은 이 계절에 바쁘다.

03 토끼는 긴 귀와 짧은 꼬리를 가지고 있다.

04 무지개는 일곱 가지 색깔을 가지고 있다.

05 우리가 가장 좋아하는 식당에서 식사하자.

06 봄은 내가 가장 좋아하는 계절이다.

07 무지개가 식당 위에 떠 있다.

   토끼들은 봄철에 나온다.

DAY 199　20 . . . 

STEP1> 다음 문장을 소리 내어 읽고, 의미를 생각해보세요.

> **01　She feels shocked.**
> **02　They ride the subway.**

STEP2> 단어를 익히고, 문장을 따라 써 보세요.

ride　ⓥ 타다
03 I ride a bicycle at the park.

shock　ⓝ 충격 ; ⓥ 충격을 주다
04 The news shocked me.

subway　ⓝ 지하철
05 Taking the subway is faster than driving.

leave　ⓥ 떠나다
06 I left my country.

STEP3> 다음 문장을 읽고, 해석해보세요.

07 We go to ride the last subway.

I'm shocked that it just left the station.

Translations> 오늘 배운 문장들에 대한 해석이에요.

01 그녀는 충격을 받았다.

02 그들은 지하철을 탄다.

03 나는 공원에서 자전거를 탄다.

04 그 소식은 나에게 충격을 줬다.

05 지하철을 타는 것이 운전하는 것보다 빠르다.

06 나는 내 나라를 떠났다.

07 우리는 지하철 막차를 타러 간다.

지하철이 방금 역을 떠나서 충격이다.

DAY 200　　20　　　.　　.　　. 

STEP1> 다음 문장을 소리 내어 읽고, 의미를 생각해보세요.

> **01　We drink water every day.**
> **02　My height and weight are very normal.**

STEP2> 단어를 익히고, 문장을 따라 써 보세요.

very ⓐᵈ 매우, 아주

03 The movie was very exciting.

water ⓝ 물

04 I drink water every day.

height ⓝ 키, 높이

05 What is your height?

weight ⓝ 무게

06 What is the weight of this box?

> **07** The balance of height and weight is important.
> Water is also very important for our body.

Translations> 오늘 배운 문장들에 대한 해석이에요.

01 우리는 매일 물을 마신다.

02 내 키와 몸무게는 아주 정상이다.

03 그 영화는 매우 흥미진진했다.

04 나는 매일 물을 마신다.

05 키가 몇이야?

06 이 상자의 무게는 얼마야?

07 키와 몸무게의 균형은 중요하다.

물 또한 우리 몸에 아주 중요하다.

문장으로 술술, 초등 필수영단어 800

©정승익

초판 1쇄 인쇄 | 2026년 1월 20일

지은이 | 정승익
편집인 | 김진호
디자인 | 주서윤
마케팅 | 네버기브업

펴낸곳 | 네버기브업
ISBN | 979-11-94600-93-0 (63740)

이메일 | nevernevergiveup2024@gmail.com